200 Tiragens Auxiliares do Tarô

NEI NAIFF | JUAN CAMPOS | GIOVANNA LUCATO

200 Tiragens Auxiliares do Tarô

COLETÂNEA DE QUESTÕES ESSENCIAIS

ALFABETO

Publicado no Brasil pela Editora Alfabeto, 2023.
Todos os direitos reservados

Direção Editorial: Edmilson Duran
Capa e diagramação: Décio Lopes
Produção Editorial: Rackel Accetti
Ilustrações: Gabriela Duran

DADOS INTERNACIONAIS DE CATALOGAÇÃO NA PUBLICAÇÃO (CIP)

Naiff, Nei / Campos, Juan / Lucato, Giovanna

200 Tiragens Auxiliares do Tarô/ Nei Naiff, Juan Campos e Giovanna Lucato – 3ª edição – São Paulo: Editora Alfabeto, 2025.

ISBN 978-65-87905-61-7

1. Tarô 2. Arte divinatória 3. Oráculo I. Título.

Todos os direitos reservados e protegidos pela (Lei nº 9.610 de 19/02/1998). Nenhuma parte desta obra pode ser utilizada ou reproduzida – em qualquer meio ou forma, seja mecânico ou eletrônico, fotocópia, gravação, etc. – nem apropriada ou estocada em sistema de banco de dados sem a expressa autorização por escrito da Editora Alfabeto.

www.editoraalfabeto.com.br

EDITORA ALFABETO
Rua Ângela Tomé, 109 - Rudge Ramos | CEP: 09624-070
São Bernardo do Campo/SP | Tel: (11)2351.4168
editorial@editoraalfabeto.com.br

SUMÁRIO

Introdução 7

Capítulo 1 | Vida Interior 11
 Autoajuda *13*
 Autoconhecimento *33*
 Sonhos *55*
 Carma *61*
 Espiritualidade *69*
 Negatividade *83*

Capítulo 2 | Vida material 93
 Sorte *95*
 Trabalho *113*
 Dinheiro *129*
 Saúde *141*
 Viagem *149*

Capítulo 3 | Vida pessoal....................153
    Família........................*155*
    Amizade.......................*163*
    Virtual.......................*173*
    Sozinho.......................*179*
    Flerte........................*191*
    Sexo..........................*197*
    Amor recente..................*201*
    Amor estável..................*207*
    Amor extra....................*219*
    Amor exilado..................*227*
    Conflitos.....................*237*

Bônus......................***251***
Autores....................***253***
Referência.................***255***

DICA:

Se estiver atendendo alguém, considere abrir este livro, escolhendo juntos a melhor tiragem. Mostre os tópicos mais próximos do que a pessoa almeja saber, peça para ler e decidir o que mais convier. Afinal, quem busca o tarô, conhece perfeitamente as próprias metas de vida!

INTRODUÇÃO

Após décadas dando aulas de tarô, tendo muitos livros publicados, adicionado a milhares de estudantes formados por mim e outras dezenas de bons professores-tarólogos, era natural que desejassem uma obra que abrangesse muitas tiragens específicas para diversos assuntos. Há tempos coleciono novos jogos/tiragens que avalio e confiro em diferentes ocasiões, observando a eficácia ou a facilidade de leitura. São oriundos de livros consagrados, das redes sociais ou de minha própria criação – tenho para mais de mil aplicações das quais algumas já são bem conhecidas, como o famoso Templo de Afrodite (amor), o Templo de Marte (sexo), o Templo de Zeus (dinheiro), o Quadrado Pessoal (personalidade), o Anel do Amor (relacionamento) ou a Janela Astral (espiritualidade), publicados no livro Tarô, oráculo e métodos. Daqueles que são de autoria de terceiros, alguns possuem boa formação na esfera da geometria sagrada (forma mística e rítmica de leitura), pois rapidamente fazem sentido durante a leitura; no entanto, as tiragens que não possuem tal base oculta de construção simbólica foram testadas por vezes. Algumas resultaram positivas e, outras, nem tanto, e muitas deixei de praticar por não fazerem sentido oracular, nem terem respostas compreensivas.

Há uns cinco anos, por entender a importância do assunto, também tenho ministrado aulas exclusivas sobre jogos/tiragens temáticas para os quatro planos de leitura, tanto no âmbito presencial como on-line; no entanto, quando em 2021 iniciei a revisão e a atualização do livro "Curso Completo de Tarô", incluindo cinco lições bônus com muitos jogos originais, para a comemoração dos 20 anos de publicação (2022), tive o desejo em reunir minha coleção de tiragens, revelando chaves oraculares bem pontuais a diversas questões, visto que muitos estudantes de tarô ou até profissionais carecem de ir além dos jogos clássicos da taromancia (Linear, Peladan, Cruz Celta, Mandala).

Em uma conversa informal, com os tarólogos Juan Campos e Giovanna Lucato, houve um entusiasmo fora do comum sobre minhas ideias de publicação, uma vez que também haviam criado tiragens ou realizado adaptações de outros métodos. Interessante, pois tínhamos a mesma ideia/experiência em relação às tiragens que aprendíamos e treinávamos. A questão que se pontuou: o que faríamos com tanto conhecimento sobre o assunto? Vamos publicar! Assim, decidimos reunir 100 jogos que considerávamos seguros ou bem estruturados em seu objetivo oracular, ficando sob minha supervisão rever, selecionar e classificar para o propósito dessa obra. À medida que reuníamos e registrávamos, muitas ideias começaram a surgir, havendo tantas tiragens maravilhosas que ampliamos para 200 (e ainda ficaram muitas arquivadas!).

Na finalização dessa coletânea, percebi que alguns jogos são de fácil entendimento e, outros, nem tanto, precisando de algum modelo ou de melhor explicação. Observei, assim, que ficaria muito extenso registrar exemplos dos jogo, explicar como ler, dar exemplos, apontar dicas oraculares. Em todo caso, esta coletânea não é um livro para iniciantes, mas para estudantes ou profissionais do tarô que, de certo modo, já conhecem a estrutura e a leitura das cartas!

Após dias refletindo sobre como estruturar a obra, a solução do problema foi inovadora: um livro híbrido! Assim, a partir dos principais jogos ou os mais complexos, haverá um QRcode levando a uma das múltiplas possibilidades de entendimento da obra, tais como vídeo com interpretação do jogo, PDF com exemplo de leitura, podcast com orientação oracular, indicação de sites, tarôs etc. Ufa! Diria que um dos legados da pandemia foi desenvolver nossa criatividade, unindo o mundo real com o digital, permitindo o acesso a conhecimentos nunca antes possibilitado somente com as páginas de um livro.

Temos, então, uma coletânea de ponta para tarólogos e tarotistas que desejam aprimorar suas consultas, aplicando o saber imediato. Não é um livro básico nem avançado, sendo essencialmente intermediário, possibilitando a todos que conheçam o mínimo do tarô (arcanos e modo de leitura) usar, testar e absorver novos paradigmas. O objetivo principal desse trabalho é treinar novas tiragens para perguntas e situações em todos os âmbitos – não há a prerrogativa de ensinar, mas de valorizar ou qualificar àqueles que já estudam essa arte oracular.

Lembramos que o tarô não é moralizador, tampouco tendencioso à cultura psicoespiritual ou religiosa do tarólogo ou tarotista. O oráculo responde a qualquer situação, indicando ser positiva ou negativa, motivando a seguir adiante ou a mudar de postura. A função do tarô é orientar, não tem por princípio determinar ou julgar. O livre-arbítrio é perene e cada um é responsável pelas próprias escolhas; afinal, a vida é sempre consumada na Lei de Causa e Efeito. Ademais, aconselhamos que mantenham um diário de suas tiragens, incluindo a data e a questão, para tirar dúvidas futuras (sua ou dos consulentes).

Todos os jogos apresentados podem ser abertos/lidos/interpretados tanto com o método básico (somente os 22 arcanos maiores), o americano (22 arcanos maiores misturados com os 56 arcanos menores em tirada individual) ou o europeu (22 arcanos maiores em combinação com os 56 arcanos menores, em duplas: maior + menor) – tudo dependerá do grau de conhecimento das estruturas arcanas. Além do mais, embora a maior parte esteja verificada com as cartas do tarô, nada impede que os utilize para a leitura do baralho Lenormand ou de qualquer tipo de cartomancia.

Jogos/tiragens são chaves oraculares e livres para serem aplicados em todos os oráculos.

Nei Naiff
www.tarotista.com.br

VIDA INTERIOR

Nível psicoespiritual – neste tema foi agrupado as tiragens que requerem um grau maior de atenção ou de autoavaliação, pois tangenciam a transcendência em busca do autoconhecimento ou de especificidades do plano espiritual. Muitas vezes, questionamos a existência, valores e encargos diante de uma situação ou época muito difícil por não encontrar respostas compreensivas; por isso, comumente entramos em um processo de autodepreciação, apatia ou desalento. Este capítulo foi pensado nestas questões: encontrar a si mesmo, desenvolvendo a autoconfiança e o amor-próprio.

CAPÍTULO 1

Os tópicos apresentados foram classificados de acordo com uma dinâmica lógica seguindo dos aprendizados pessoais aos espirituais, entre a paz e os confrontos, onde cada tiragem é específica para um momento, um dúvida, uma dificuldade. Dica de leitura: a interpretação estará mais próxima do *plano espiritual e do plano mental do arcano*, dependendo do significado da casa. Leia uma a uma, familiarize-se com cada tiragem e faça bom uso quando necessário!

1. Autoajuda – 19 tiragens
2. Autoconhecimento – 20 tiragens
3. Sonhos – 4 tiragens
4. Carma – 7 tiragens
5. Espiritualidade – 13 tiragens
6. Negatividade – 8 tiragens

AUTOAJUDA

Dúvidas, obstáculos
e desafios

1. PONTO CEGO

Tem um problema difícil, uma situação que julga bem complicada? Aclare agora!

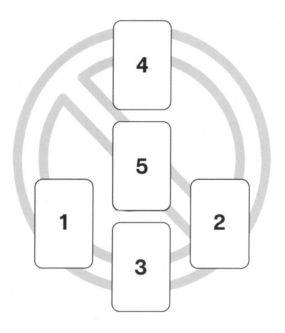

1 – O que observo da situação?
2 – Qual o ponto cego do problema?
3 – O que me recuso a ver?
4 – As coisas como são e não mudam.
5 – Como reorganizar a minha posição?

2. DECISÃO

Tiragem para avaliar a intuição ou forte desejo em decidir por uma situação.

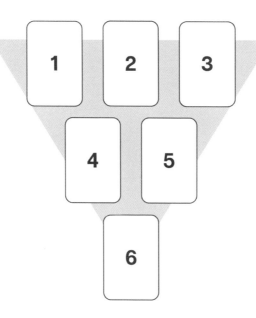

1 – Devo seguir meu instinto sobre tal questão?
2 – Devo ouvir terceiros?
3 – O que não estou enxergando?
4 – Consequência das minhas escolhas.
5 – Conselho.
6 – Resultado.

3. CARA E COROA

Objetivo: tiragem para todos os assuntos, observando todos os lados da situação.

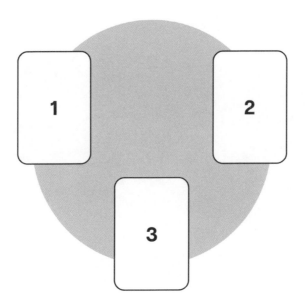

1 – O que é consciente?
2 – O que é inconsciente?
3 – O que preciso saber?

4. INSEGURANÇA

Análise da insegurança em qualquer situação (afetiva, profissional etc.)

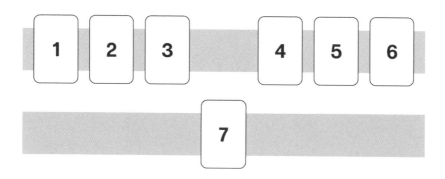

1 – Por que sou inseguro?
2 – Como ter mais segurança?
3 – Qual meu ponto fraco que me torna inseguro?
4 – Qual meu ponto forte para lidar com a insegurança?
5 – Qual postura devo evitar para não ficar mais inseguro?
6 – Qual postura devo adotar para vencer a insegurança?
7 – Conselho.

5. MATRIX

Tiragem para autoanálise diante de dúvida, hesitação ou importante decisão.

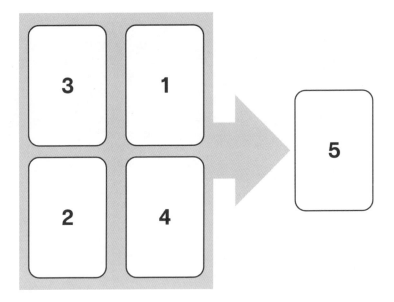

1 – Quais incômodos me impedem de seguir adiante?
2 – Quais são meus medos diante desse problema?
3 – Qual o motivo da minha descrença?
4 – O que devo fazer para superar meus medos, eliminando as incertezas?
5 – Quais são os passos para nutrir minha fé e autoconfiança?

6. ESCURIDÃO

Tem medo de alguma coisa? Que tal refletir sobre o assunto e tentar solucionar?

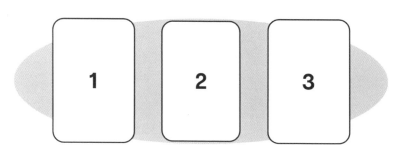

1 – Seu medo sobre a questão X.

2 – Como o afeta psicoemocionalmente?

3 – Como superar o medo/receio?

7. DESCONFIANÇA

Dúvidas sobre o caráter ou a intenção de uma pessoa? Vamos descobrir hoje?

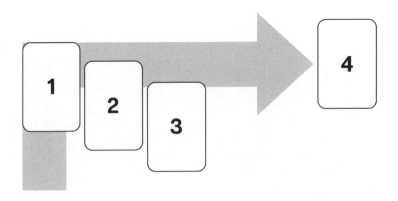

1 – Quem é esta pessoa?
2 – Quais são suas intenções?
3 – O que ela pensa sobre mim?
4 – O que devo fazer?

8. ASAS DA LIBERDADE

Qual sua hesitação? Avalie os medos que impedem a sua liberdade de expressão.

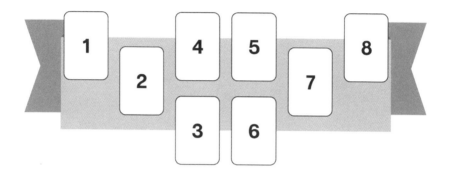

1 – Sou uma pessoa livre?
2 – O que é liberdade para mim?
3 – Como vejo meus limites pessoais?
4 – O que me impede de ser livre?
5 – Relacionamento com familiares e amigos.
6 – Relacionamento com o meio social.
7 – O que me faz sentir livre?
8 – O futuro de minha liberdade!

9. PEDRINHA NO SAPATO

Tiragem de autoajuda para tomar decisões rápidas diante de pequenos problemas.

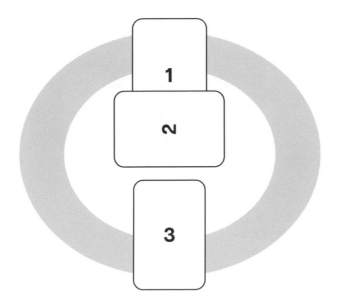

1 – Presente: você e o problema.
2 – O que está impedindo de resolver?
3 – Ação a ser tomada agora!

10. POLARIDADE

Crise existencial? Que tal reconhecer a si mesmo? Analise os dois lados da moeda.

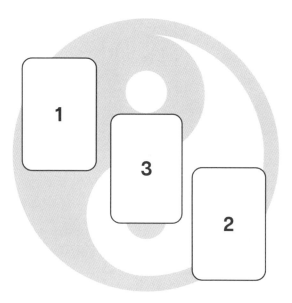

1 – Meu lado bom.
2 – Meu lado ruim.
3 – O que preciso meditar (aprender).

11. DESAFIO

Sente-se desafiado? O que impede de seguir adiante para melhorar a vida?

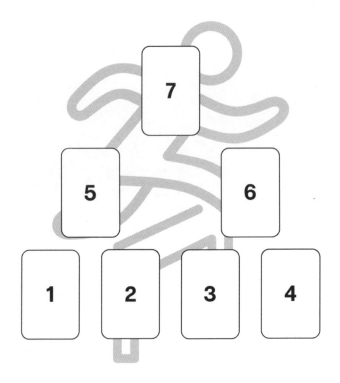

1 – Desafio pessoal.
2 – Desafio com a situação.
3 – O que está me detendo?
4 – O que poderia me motivar?
5 – Onde conseguirei apoio?
6 – Que decisão devo tomar com base nisso?
7 – O resultado.

12. HARMONIA

O que te impede de prosperar? Reflita diante de seus inúmeros obstáculos da vida material.

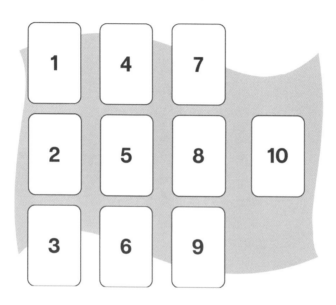

1 – Tem impulso, energia?
2 – Tem preguiça?
3 – Cuida do corpo?
4 – Administra suas finanças?
5 – Tem consciência de seu momento?
6 – Há algo que precisa ser reciclado?
7 – É flexível?
8 – Tem senso de justiça?
9 – Tem boa memória?
10 – Conselho.

13. BOM DIA!

Acorde e já tire três cartinhas, anote e faça uma reflexão para o dia que surge!

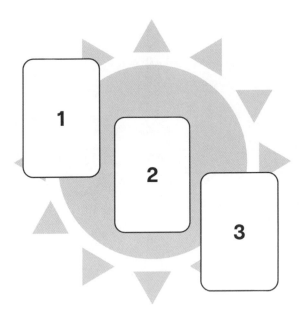

1 – A energia dominante para o dia.
2 – Como irá se sentir hoje?
3 – Conselho.

14. RAIO DE LUZ

Tome rapidamente uma decisão! Não espere mais um segundo!

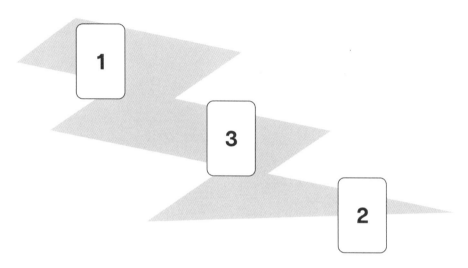

1 – A natureza do seu problema.

2 – A causa do seu problema.

3 – A solução para seu problema.

15. ENCRUZILHADA

Ao sentir-se angustiado e sem perspectiva, abra essa tiragem e tire suas conclusões!.

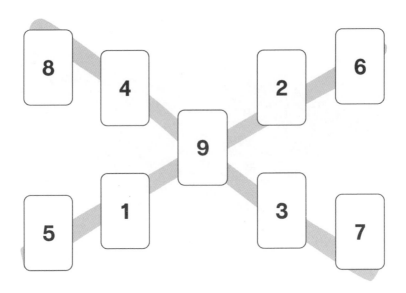

1 – Qual minha natureza oculta?
2 – Como sou influenciado pelos outros?
3 – Como expresso meus valores?
4 – Como planejo a vida?
5 – Como estão meus sentimentos?
6 – Qual meu comportamento social?
7 – Problemas do passado estão presentes?
8 – Devo solicitar ajuda de amigos?
9 – Qual o conselho? (Próximos seis meses).

ENCRUZILHADA

16. PARADIGMA

Autoavaliação para encontrar um novo caminho na vida!

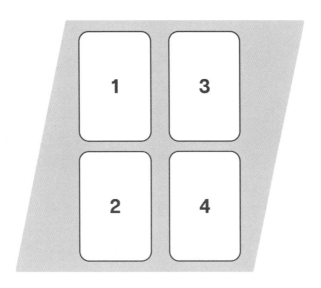

1 – O que não importa mais?

2 – O que foi conquistado?

3 – O que me fará avançar?

4 – A mudança que preciso fazer.

17. DIVÃ

Quem sou? Tiragem para reflexão dos planejamentos, clareza nas metas, autoajuda.

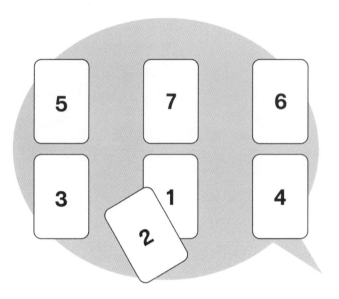

1 – Isto é quem eu sou agora.
2 – Isto é o que eu não sei sobre mim.
3 – Isto é o que eu devo abandonar.
4 – Isto é o que eu necessito desenvolver.
5 – O que eu adoraria me tornar.
6 – Minha busca atual.
7 – Aonde tudo isso irá me levar.

18. NÉVOA BRANCA

Às vezes, temos dúvidas, nos iludimos e não percebemos! Vamos clarear as ideias?

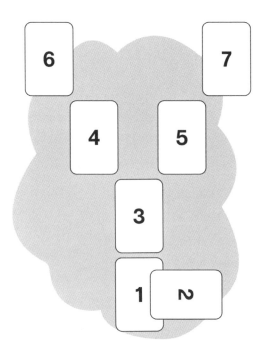

1 – Eu agora.

2 – O que eu estou negando?

3 – O que estou reprimindo?

4 – O que estou projetando?

5 – O que eu estou compensando?

6 – O que me ajudará a superar minhas dúvidas.

7 – O que me ajudará a superar meus medos.

19. ASPIRAÇÕES E METAS

Quer motivação, desenvolver a autoconfiança e ter clareza nas metas? Avalie essa tiragem:

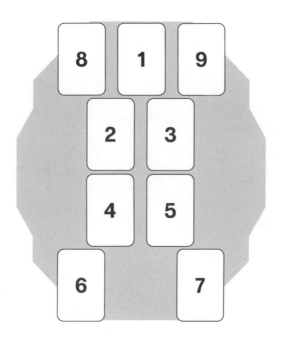

1 – Objetivo atual.

2 – Talento ou habilidade.

3 – Armadilhas.

4 – Apoio.

5 – Potencial.

6 – Sua força interior.

7 – Isso promete progresso.

8 – A força que estará consigo.

9 – Resultado.

AUTOCONHECIMENTO

Autorreflexão, autoanálise,
crises existenciais

20. PONTO X

Tiragem para iniciar a via do autoconhecimento, entendendo a si e o meio ambiente.

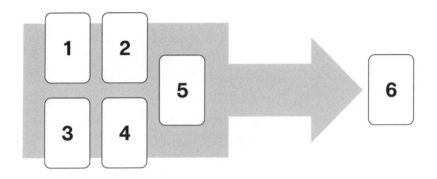

1 – Como me vejo ou acho que sou.

2 – Como os outros me veem.

3 – Como sou realmente!

4 – O que é importante para mim, agora.

5 – O que não devo me preocupar.

6 – Do que necessito para me equilibrar.

21. SENDA DO PODER

Qual o potencial de vida: quem sou? Reflexão sobre como ter uma vida próspera.

1 – Minha força, potencial de vida (agora).
2 – Algo excepcional em mim.
3 – Um dom ancestral que possuo.
4 – Como estar mais atuante na vida?
5 – Como estar em maior sintonia com meus talentos?
6 – Como estar em maior harmonia com o mundo espiritual?
7 – Qual habilidade desconheço em mim?

SENDA DO PODER

22. PREGUIÇA

Está desmotivado? Caiu no ócio ou na depressão? Vamos recuperar a autoconfiança?

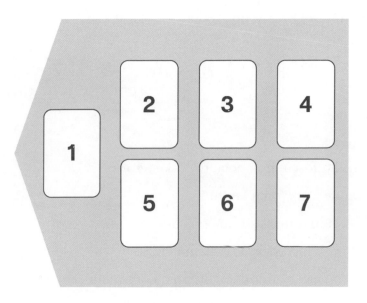

1 – Como posso encontrar motivação?
2 – Como está minha autoestima?
3 – Como gerencio meu tempo?
4 – Como organizo minhas tarefas?
5 – Como defino minhas metas?
6 – Como lido com a rotina?
7 – Conselho para sair do ócio.

23. ESCALADA

Tiragem de autoajuda para vencer obstáculos, superar o medo ou o desalento.

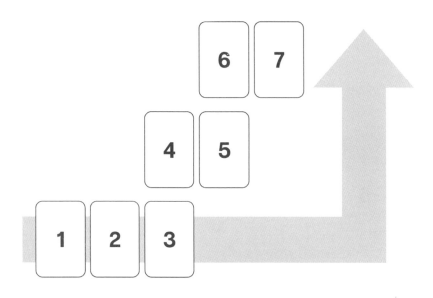

1 – O que devo fazer primeiro diante desse problema X (dizer).
2 – O que devo fazer em segundo lugar.
3 – O que devo fazer em terceiro lugar.
4 – O que preciso fazer para superar os obstáculos.
5 – O que irá acontecer se eu ficar parado, sem ação?
6 – O que vai acontecer se eu começar agora?
7 – Conselho para seguir adiante!

24. SETE PLANETAS

Ponderação em busca da prosperidade e do autoconhecimento. Qual minha responsabilidade?

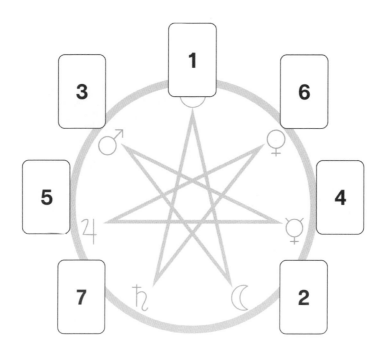

1 – Faço o que desejo, sou eu mesmo?
2 – Como estão minhas emoções?
3 – Luto pelo que desejo?
4 – Como anda minha comunicação?
5 – Busco prosperar?
6 – Minhas relações afetivas?
7 – Cumpro com as obrigações?

25. JOGO DA PERSONALIDADE

Quem sou? Simples assim:

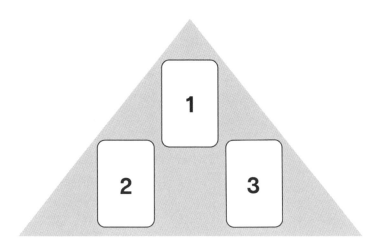

1 – A verdadeira personalidade.
2 – O que mostra.
3 – O que esconde.

26. O GURU

Tiragem para observar todas as áreas em busca da harmonia e do autoconhecimento.

1 – Impulso vital, determinação.
2 – Plano emocional, desejos.
3 – Mente objetiva, racional.
4 – Amor universal, fraternidade.
5 – Comunicação, expressão.
6 – Sabedoria, intuição.
7 – Espiritualidade, devoção.

27. A VERDADE

Reflexão dos acontecimentos, das responsabilidades e de seus resultados.

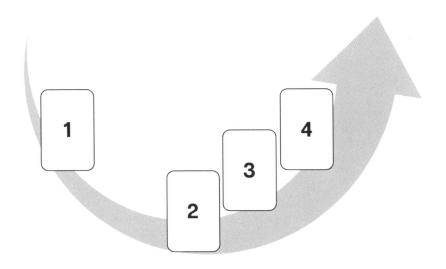

1 – O que tenho?
2 – O que desejo?
3 – O que preciso?
4 – O que terei de verdade?

28. QUADRADO PESSOAL

Desejaria entender a qualidade de si mesmo ou de alguém?

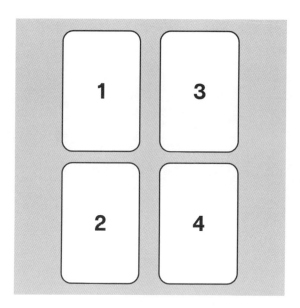

1 – Identidade: Como é o interior, a real personalidade?
2 – Sombra: O que esconde, deseja ser ou ter?
3 – Projeção: Como é visto pelo meio social?
4 – Aprendizado: O que deve desenvolver?

29. PRIORIDADES

Autoanálise entre o material e o sentimental: quem sou, o que desejo?

1 – Amor.
2 – Carreira.
3 – Amigos.
4 – Conselho.

30. DESBOTADO

Tiragem para análise da angustia ou desmotivação sem motivo aparente.

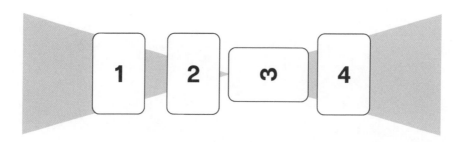

1 – Meu desejo oculto.

2 – O que me motiva.

3 – O que me angustia.

4 – O que posso conseguir.

31. ENTULHO

Vida cheia de obstáculos e nada avança? A busca do autoconhecimento é a solução!

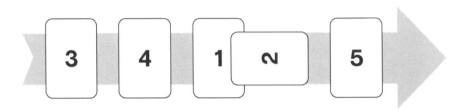

1 – Você agora.
2 – Obstáculo no presente.
3 – Assunto não resolvido no passado.
4 – Obstáculo no passado.
5 – O caminho à frente.

32. CONCAVO E CONVEXO

Essa tiragem revela a (sua) verdade ou opinião que mostra ao mundo.

1 – Verdade interior sobre o que deseja saber.
2 – Atitude exterior em direção à solução.
3 – Verdade interior sobre o que necessita.
4 – Atitude exterior sobre valores.
5 – Verdade interior de seus sentimentos.
6 – Atitude exterior de suas reações.
7 – Verdade interior futura em desenvolvimento.
8 – Conselho para o equilíbrio.

33. ESCOLA DA VIDA

Buscando o encontro de si mesmo com os planos de vida, aprendendo a evoluir.

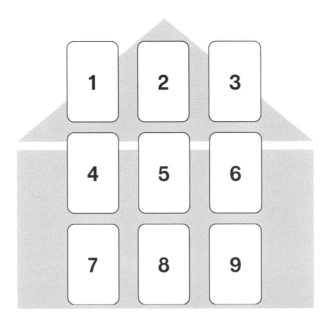

1/2/3 – O que eu preciso aprender sobre os plano material.

4/5/6 – O que eu preciso aprender sobre o plano sentimental

7/8/9 – O que eu preciso aprender sobre a vida.

34. NOITE DA ALMA

Tiragem para os momentos de crise existencial, de dúvidas sobre si ou em uma situação.

1 – Eu agora diante do problema.
2 – Do que tenho medo.
3 – Influência passada – benéfica.
4 – Influência passada – negativa.
5 – Como devo prosseguir?
6 – O resultado.

35. DESENROLANDO

Identificando os problemas pessoais e os obstáculos que impedem o sucesso.

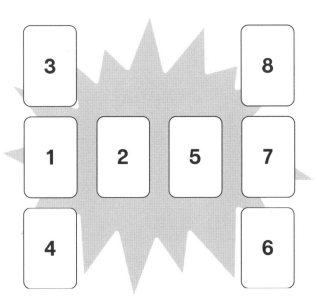

1 – Eu estou assim agora.
2 – Isso é o que me incomoda.
3 – Isso é o que gosto em mim.
4 – Isso é o que eu não gosto em mim.
5 – Meu talento.
6 – Minha tentação.
7 – Minha busca pessoal.
8 – O que devo eliminar de minha vida.

36. TEMPLO DE FOBOS

Tiragem para descobrir e resolver os próprios medos.

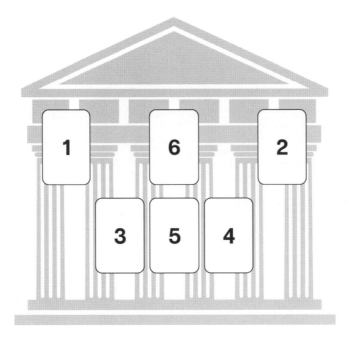

1 – Meus medos.
2 – Como enfrentá-los.
3 – Suas limitações.
4 – Como superá-las.
5 – Onde esse caminho me levará?
6 – Conselho.

37. CATADOR DE SONHOS

Saiba como tornar realidade os seus sonhos e desejos.

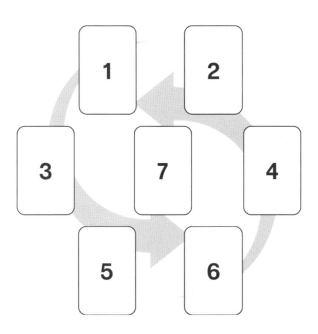

1 – Meu sonho/desejo.
2 – O que preciso saber?
3 – O que eu preciso abdicar?
4 – O que eu preciso manter?
5 – O destino está ao meu favor?
6 – Como conquistar/realizar esse desejo?
7 – Como me vejo nesse sonho?

CATADOR DE SONHOS

38. ROTA

Qual minha evolução rumo ao progresso?

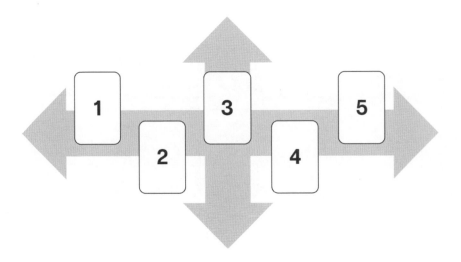

1 – Sua direção de vida atual.

2 – A lição que está aprendendo.

3 – O que está te movendo ao seu objetivo.

4 – Seu objetivo a longo prazo.

5 – O que o ajudará a atingir seu objetivo.

39. SEGREDOS

Crise existencial? Quem sou, o que desejo? Reflita sobre seus mais íntimos segredos!

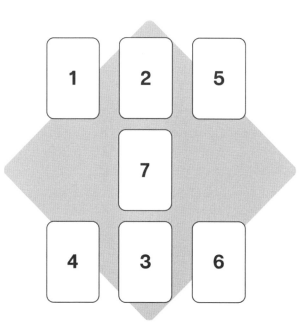

1 – Meu desejo secreto.
2 – Meu medo secreto.
3 – Minha dor secreta.
4 – Meu poder pessoal secreto.
5 – Minha vulnerabilidade secreta.
6 – Meu maior segredo.
7 – Meus desafios atuais.

SONHOS

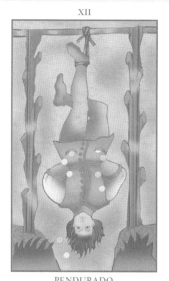

Mensagem e
análise do inconsciente

40. NOITE NEGRA

Teve um mau sonho, acordando de susto ou chorando? Vamos entender?

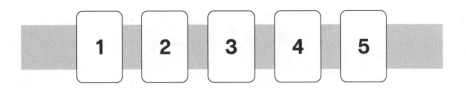

1 – O que desencadeou o pesadelo.

2 – A energia espiritual do sonho.

3 – A mensagem do inconsciente.

4 – Tem afinidade com a realidade?

5– Conselho para evitar esse tipo de sonho.

41. ESPIRAL NEGRA

Tiragem para entender os sonhos ou os pesadelos recorrentes.

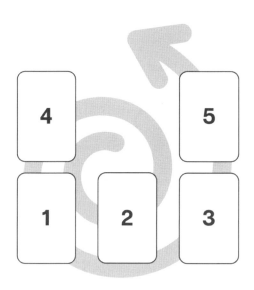

1 – Qual a razão do sonho recorrente?
2 – Qual sua relação com os problemas atuais?
3 – Qual sua relação com traumas antigos?
4 – Qual a mensagem desse sonho?
5 – Como obter a autocura?

42. COMETA

Análise para um sonho que acredite ser importante para sua vida atual.

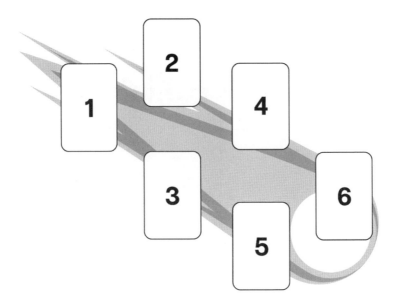

1 – O sonho.

2 – Por que ele é tão intenso?

3 – Seu significado espiritual.

4 – Como ele se conecta com a vida real?

5 – Algo que deve se lembrar desse sonho.

6 – O que devo aprender com o sonho?

43. LUZ ESTELAR

Acordou com a sensação de que o sonho era uma mensagem espiritual? Tire a dúvida!

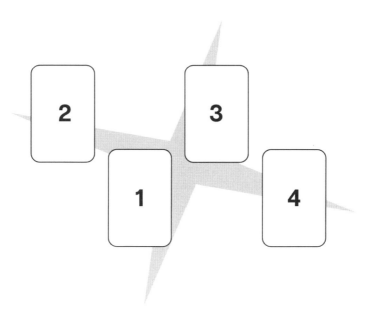

1 – Mensagem central do sonho.
2 – Para que serve o sonho?
3 – Qual sua relação com o futuro?
4 – Que nova perspectiva deve ter?

CARMA

Reflexão, aprendizado e evolução

44. FLUTUAÇÃO CÁRMICA

Tiragem para saber da influência de uma vida passada que se encontra no presente.

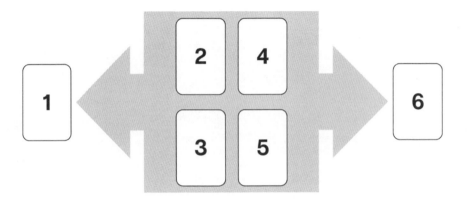

1 – Como era na última vida?
2 – Como é atualmente?
3 – O que é fácil nessa vida?
4 – O que é difícil nessa vida?
5 – O que se repete?
6 – O que deve aprender?

45. BURACO DO CARMA

Conheça os alertas cármicos para sua evolução espiritual.

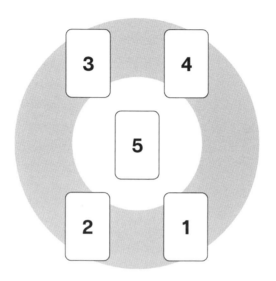

1 – Atenção.

2 – Cuidado.

3 – Obstáculo.

4 – Evolução.

5 – Benção.

46. ESTRELA DO CARMA

Qual área da vida (neste momento) é mais afetada ou abençoada pelo carma?

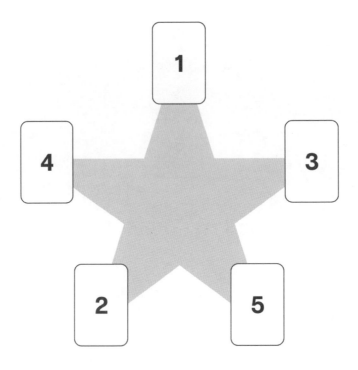

1 – Saúde.

2 – Trabalho.

3 – Dinheiro.

4 – Amor.

5 – Relação.

47. ENCRUZILHADA CÁRMICA

Entendendo as dificuldades iminentes e solucionando o carma envolvido.

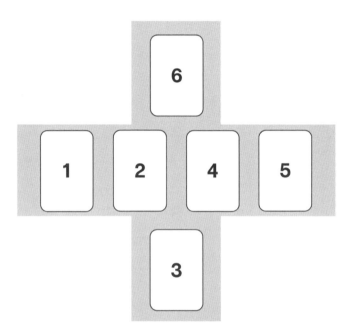

1 – Origem da interferência.
2 – Efeitos práticos dessa interferência.
3 – Motivo da interferência.
4 – Atual momento cármico.
5 – Mensagem espiritual para esse momento.
6 – Conselho para fortalecer minha energia astral.

48. ESCOLA CÁRMICA

Tiragem para estudar, entender e refletir sobre as diversas lições cármicas (do ano).

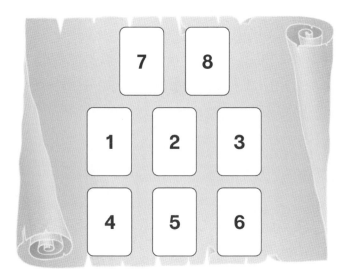

1 – Momento cármico material.
2 – Momento cármico sentimental.
3 – Momento cármico espiritual.
4 – O que preciso aprender com minha atividade profissional?
5 – O que preciso aprender com minha percepção emocional?
6 – O que preciso aprender com o mundo espiritual neste momento?
7 – Qual o resultado dessas lições cármicas?
8 – Conselho para harmonizar os carmas.

ESCOLA CÁRMICA

49. PARADIGMA

Quais hábitos que trago de outras vidas que impedem a evolução minha espiritual?

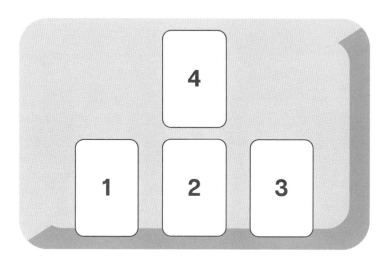

1 – Situações externas (relações sociais) que trago de outras vidas.

2 – Padrão recorrente (relações sociais) que impede a evolução cármica.

3 – Hábito que devo aprender para evoluir e prosperar nesta vida.

4 – Conselho para meu comportamento atual.

50. BAGAGEM CÁRMICA

Entenda de que modo a vida presente está sendo influenciada pela última vida passada.

1 – Vida social da vida passada que influencia o presente.

2 – Vida material na vida passada que influencia o presente.

3 – Vida sentimental na vida passada que influencia o presente.

4 – Vida espiritual na vida passada que influencia o presente.

5 – O que mais valorizou na vida passada que influencia o presente.

6 – Conselho para equilibrar o processo cármico.

ESPIRITUALIDADE

Mediunidade, luz interior
e seres superiores

51. MEDIUNIDADE

Tiragem para analisar o campo mediúnico.

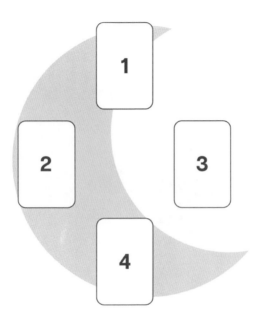

1 – Tenho mediunidade?
2 – Meu campo espiritual está aberto?
3 – Como a mediunidade me afeta?
4 – Como me relaciono com minha mediunidade?

52. GUIA ESPIRITUAL

Tiragem para se conectar com o guia espiritual.

1 – Qual arcano tem a energia do meu guia?
2 – Como me conectar com meu guia?
3 – Como meu guia me protege?

53. SENDA DE LUZ

Tiragem para descobrir o ponto do caminho espiritual.

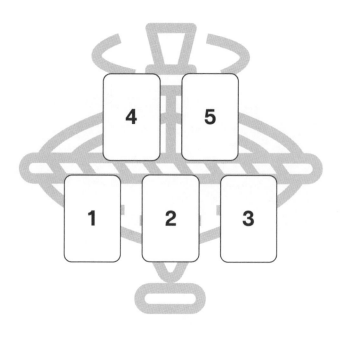

1 – Onde estou na minha jornada?

2 – O que pode estar te bloqueando no seu caminho para unicidade?

3 – O que o universo pode providenciar para superar esse desafio?

4 – O que você pode acrescentar na sua vida para conectar mais ao seu lado espiritual?

5 – De que você será capaz quando atingir o seu potencial espiritual total?

54. HABILIDADES PSÍQUICAS

Tenho poderes metafísicos? Como são? O que pode me beneficiar?

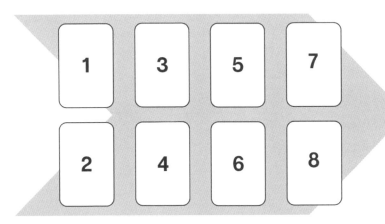

1 – Quais são os bloqueios das minhas habilidades psíquicas?
2 – O que devo mudar para aprimorar minhas habilidades psíquicas?
3 – Quais são minhas habilidades psíquicas?
4 – Como minhas habilidades psíquicas se manifesta?
5 – Tenho fé suficiente em mim?
6 – Como vou usar minhas habilidades psíquicas?
7 – Como me benefício delas?
8 – Conselho.

55. A PASSAGEM

Objetivo: Para saber como o espírito de um falecido se encontra no plano espiritual. Utilizamos só os 22 arcanos maiores. Na casa de número 5 se o arcano maior sair de cabeça para baixo significa que o espírito da pessoa ainda não tem permissão para contato com o plano físico.

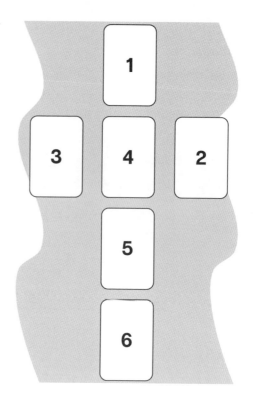

1 – Como foi a passagem do meu ente?
2 – Meu ente ainda está preso a matéria?
3 – Como o espírito do meu ente está?
4 – Ele ainda se faz presente em minha vida?
5 – Uma mensagem do meu ente para mim (Se o arcano maior sair de cabeça para baixo ele ainda não tem permissão espiritual de comunicação).
6 – Conselho para superar essa dor.

A PASSAGEM

56. ANTES DE DORMIR

Tiragem para reflexão diária.

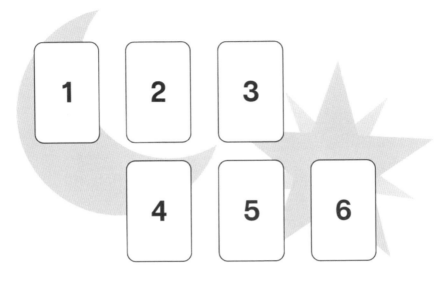

1 – Energia que estou carregando do meu dia.
2 – Como posso liberar minha energia antes de dormir?
3 – Algo para refletir sobre o meu dia.
4 – Como eu poderia ter sido mais consciente hoje?
5 – Como posso tornar o meu amanhã melhor?
6 – Um símbolo para prestar atenção nos meus sonhos hoje à noite.

57. EVOLUÇÃO ESPIRITUAL

Tiragem para descobrir novos caminhos de crescimento.

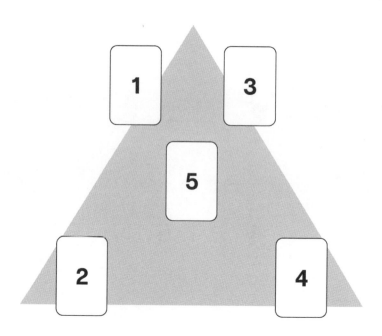

1 – Meu atual estado espiritual.
2 – Meu desenvolvimento espiritual no passado.
3 – Área da vida que preciso dar mais atenção.
4 – Fatores que impedem meu desenvolvimento espiritual.
5 – Um conselho espiritual.

58. AURA

Tiragem para analisar os campos áuricos.

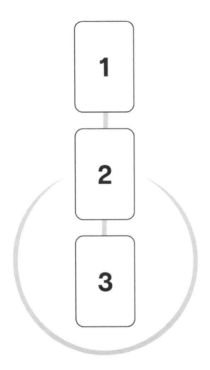

1 – Corpo espiritual = Influências do poder superior (Anjo da Guarda, Universo etc.).

2 – Corpo astral = Influências do Eu Desperto. Como você está ajudando ou dificultando a si mesmo.

3 – Corpo físico = Influências dos ancestrais, de vidas passadas ou do carma anterior e influências sociais de que você talvez esteja inconsciente.

59. TARÔ DE LUZ

Tiragem para analisar um tarô novo (comprado ou ganhado).

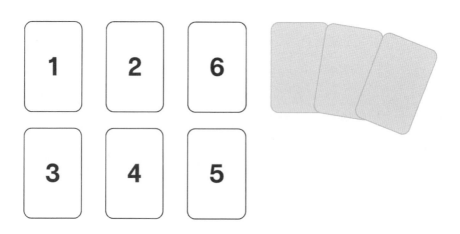

1 – O que trouxe este tarô (novo) até a mim?
2 – Uma carta que o represente (o novo tarô).
3 – O que preciso saber para trabalhar com ele?
4 – Como podemos trabalhar em harmonia?
5 – Como posso ser um melhor tarotista?
6 – Uma mensagem deste tarô para mim (o tarotista).

60. CAMINHO DO MESTRE

Sente inquietude ou anda sem perspectiva? Talvez deva se conectar com seu mestre.

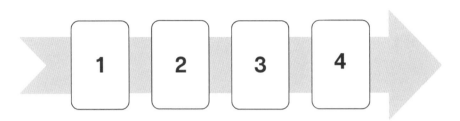

1 – Você ouve o chamado do teu mestre interior?
2 – Você tem consciência de quem você é?
3 – O que você procura na vida espiritual?
4 – Conselho de seu mestre para você.

61. CONEXÃO CELESTIAL

Buscando uma resposta espiritual para seu propósito neste mundo? Avalie este jogo:

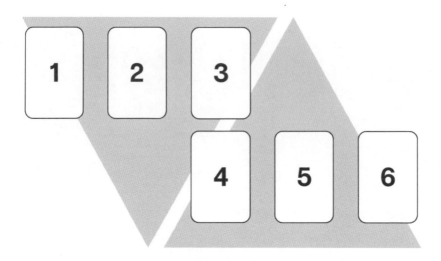

1 – Qual o "Sinal" para saber que meu mestre está próximo?
2 – Qual desafio está aqui para me ajudar a aprender?
3 – Qual obstáculo tenho que superar?
4 – Como é a minha intuição?
5 – Como fortalecer a conexão consigo mesmo?
6 – Qual é o meu próximo passo em direção ao meu propósito de vida?

62. MENSAGEM DO MEU MESTRE

Teve um chamado espiritual (sonho, intuição ou canalização)? Pondere sobre o assunto:

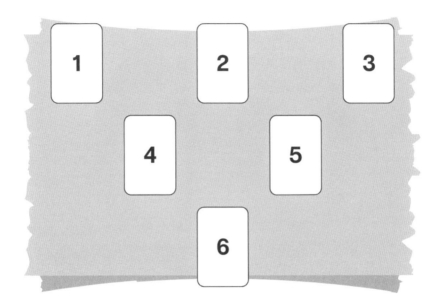

1 – Origem da mensagem espiritual.
2 – Como está minha conexão com meu mestre?
3 – Fatores positivos que possuo.
4 – Qual área da vida estou sendo negligente?
5 – Situação que deve deixar de lado.
6 – Conselho para fortalecer essa conexão.

63. DÁDIVA

Você está pronto para desenvolver ou expandir seus dons psíquico? Vamos checar?

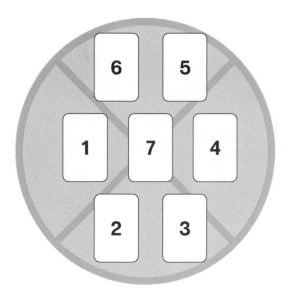

1 – Você tem poderes mediúnicos?
2 – Você tem força para realizar magia?
3 – Você tem poder para curas com as mãos?
4 – Você tem facilidade com as artes divinatórias?
5 – Você tem capacidade para usar a energia cósmica e telúrica?
6 – Você tem dons com as terapias holísticas?
7 – Conselho para a escolha de um caminho espiritual.

NEGATIVIDADE

Magia, feitiços e combate astral

64. BATALHA ESPIRITUAL

Se intuir que existe algum mau-olhado, maldição ou inveja sobre si, abra esse jogo:

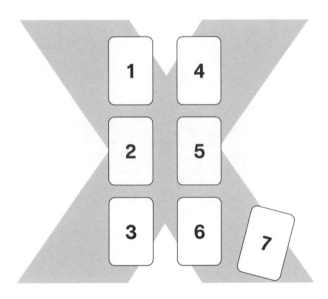

1 – Minhas armas espirituais
2 – Minha proteção espiritual.
3 – Meus aliados espirituais.
4 – A força do meu inimigo.
5 – A fraqueza do meu inimigo.
6 – Resultado do entrave.
7 – Conselho.

65. OLHO GORDO

Tiragem para analisar se tem poder sobre as energias negativas (mau-olhado, inveja).

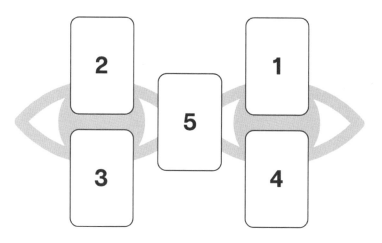

1 – Tenho proteção às energias negativas?
2 – Como a negatividade me afeta?
3 – Por que atraio a energia negativa?
4 – Como deter a energia negativa?
5 – Como limpar a energia negativa?

66. DARDO VENENOSO

Qual o poder da inveja sobre mim? Terei força para enfrentar?

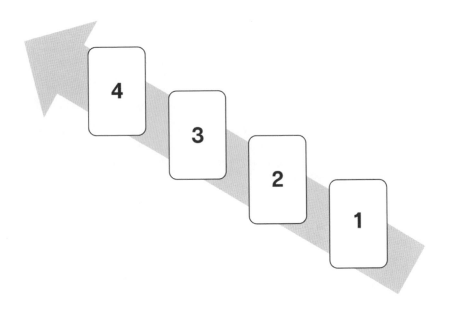

1 – Como sou visto pelas pessoas do círculo social?
2 – Qual a origem da inveja ou do mau olhado?
3 – Essa negatividade tem força sobre mim?
4 – O que devo fazer para me proteger?

67. MESA DO MAGO

Descubra se possui poder espiritual ou de força astral para realizar alguma magia.

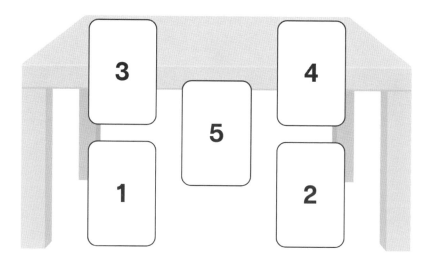

1 – Como está meu poder mágico?
2 – Qual é o meu ponto fraco na magia?
3 – Qual minhas habilidades espirituais?
4 – Influência ou ajuda do campo astral.
5 – Conselho para realizar a magia.

68. JANELA ASTRAL

Qual sua força espiritual sobre a negatividade (inveja, mau-olhado, feitiço)?

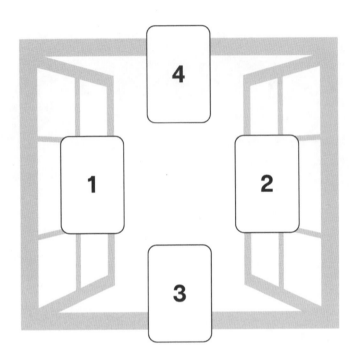

1 – Como está minha força astral?
2 – Tenho domínio sobre a negatividade?
3 – O momento cármico material?
4 – O que devo fazer para proteger-me?

69. SIGILO DA ATRAÇÃO

Tiragem para analisar o poder para realizar/fazer magia/feitiços em geral.

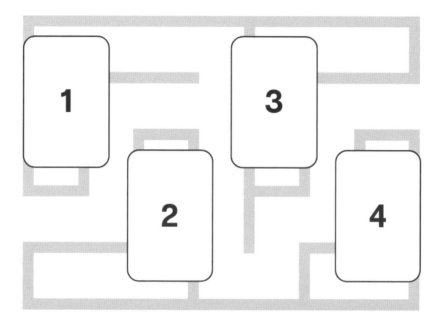

1 – Meu poder mágico de atração.
2 – Fatores positivos.
3 – Fatores negativos.
4 – Como me tornar mais eficiente?

70. PORTAL DE ÍSIS

Se intuir ou sentir que está sofrendo alguma magia, faça este jogo e descubra a verdade:

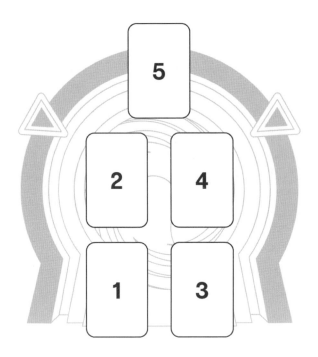

1 – O que faz pensar que estou magiado?
2 – Influências do meio social.
3 – Há interferência?
4 – O que está atraindo essa magia?
5 – Como afastá-la?

71. MOMENTO ESPIRITUAL

Tiragem para analisar o campo e a proteção espiritual.

1 – Como está o meu caminho espiritual?
2 – Existe algum obstáculo?
3 – Como estou com relação ao meu anjo guardião?
4 – Como o plano espiritual me ajuda?
5 – Conselho para esse momento espiritual.

Capítulo 2

VIDA MATERIAL

Nível de autossuficiência – neste assunto foi agregado tiragens mais práticas relacionadas a entender sobre os obstáculos de ordem material, desde as dificuldades profissionais aos riscos financeiros, dívidas acumuladas ou de um orçamento desequilibrado. Lógico que também há jogos que avaliam os possíveis lucros de um investimento, abertura de negócios aos empresários ou de contratos de trabalho para os desempregados! Este capítulo foi organizado de para estas questões: encontrar soluções, orientações e aconselhamentos para todos os momentos materiais.

Os tópicos a seguir foram considerados de acordo com uma dinâmica lógica que segue desde a solução de um estorvo, passando pelo trabalho, finanças, o dia a dia da saúde até o momento de laser: viagens! Cada tiragem é específica para um problema ou dúvida. Dica de leitura: a interpretação estará mais próxima do *plano material e do plano mental do arcano*, dependendo do significado da casa. Leia uma a uma, familiarize-se com cada tiragem e faça bom uso quando necessário!

7. Sorte – 16 tiragens
8. Trabalho – 14 tiragens
9. Dinheiro – 10 tiragens
10. Saúde – 6 tiragens
11. Viagens – 3 tiragens

SORTE

RODA DA FORTUNA

Aconselhamento, tendência, livre-arbítrio

72. EVOLUÇÃO

Quais os acontecimentos que envolvem o futuro da situação X? (Indique a questão)

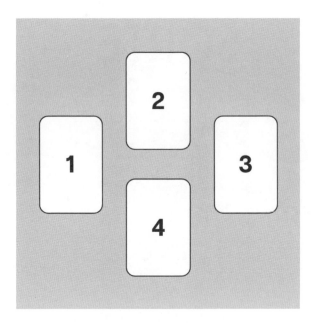

1 – O contexto da situação (presente).
2 – O que acontecerá nas próximas 4 semanas?
3 – Haverá obstáculo, melhoria, fluidez?
4 – O resultado a longo prazo?

73. LIVRE-ARBÍTRIO

Os passos de uma situação mediante os fatos, acontecimentos e o poder pessoal.

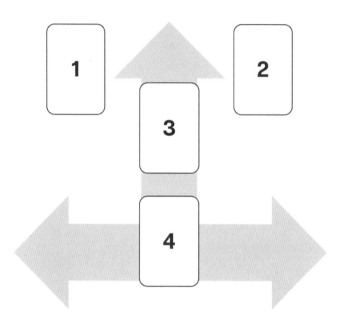

1 – O que aconteceu no passado?
2 – O que está acontecendo no presente?
3 – Qual a projeção ou o desfecho?
4 – Posso alterar o resultado?

74. VASO DA SORTE

Analise os fatores inesperados de uma situação: sorte ou azar?

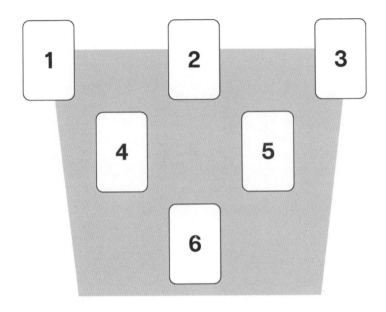

1 – Visão geral da sorte na vida atual.
2 – Como o fator sorte afeta os acontecimentos?
3 – A sorte surgirá em breve no que planejo?
4 – Como a sorte me ajudará no que desejo?
5 – A sorte auxiliará a superar obstáculos?
6 – Como devo agir para a sorte chegar?

75. O SETE MÍSTICO

Qual o seu desfecho de um grande problema? Saiba mais, pondere, melhore o resultado.

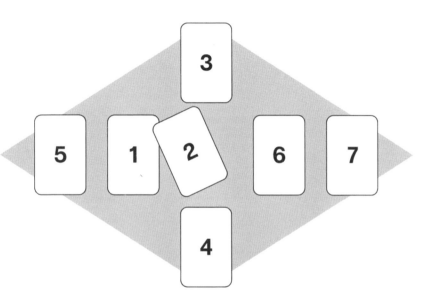

1 – A situação atual (diga a questão a ser avaliada).
2 – Obstáculo dessa questão.
3 – Sua aspiração sobre essa situação.
4 – O que é preciso despertar para vencer?
5 – O que está oculto e deve combater?
6 – O próximo passo que deve dar?
7 – O que acontecerá com essa situação?

76. NUVEM

Tiragem especulativa para avisos e aconselhamentos sobre o futuro de uma situação.

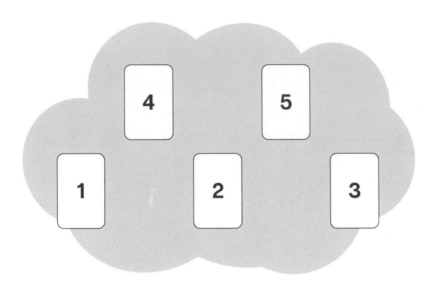

1 – O que existe, como está?
2 – Futuro próximo (3 meses).
3 – O que deseja, pensa?
4 – Existe favorecimento, sorte?
5 – Futuro em médio prazo (seis meses ou mais).

77. A BÚSSOLA

Analisando o futuro e tendo aconselhamentos de uma situação X (diga sua dúvida).

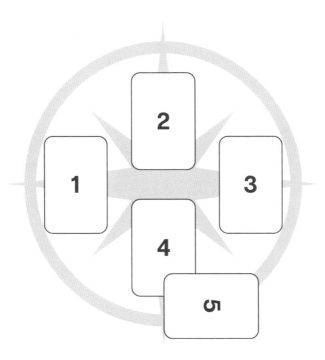

1 – A situação atualmente.
2 – Esperanças e sonhos.
3 – Força e segurança.
4 – Apoio ou oposição?
5 – Surpresas.

78. ESTRELA MÁGICA

O que esperar de uma determinada situação? Qual seu futuro?

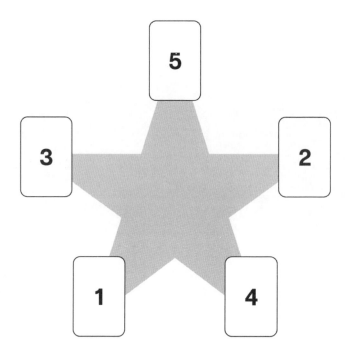

1 – O problema, a situação ou a questão.

2 – A raiz da pergunta, a origem.

3 – Fatos a serem considerados.

4 – Conselho.

5 – Resultado.

79. PREVISÃO PARA A SEMANA

O que acontecerá a cada dia da semana?
Previsão e aconselhamentos.

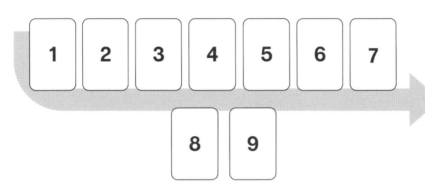

1 – Domingo.

2 – Segunda.

3 – Terça.

4 – Quarta.

5 – Quinta.

6 – Sexta.

7 – Sábado.

8 – Obstáculos da semana.

9 – Bênçãos da semana.

80. COMBATE

Esclarecer dúvidas nas tomadas de decisões diante de um fato inadiável.

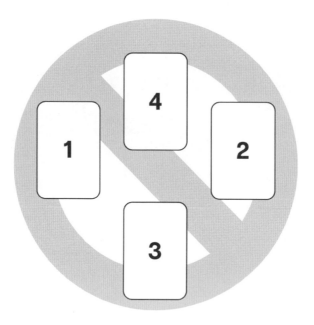

1 – Minha responsabilidade diante desse fato.
2 – O que desejo dessa situação?
3 – A força externa, a outra parte.
4 – Qual o melhor caminho?

81. OBJETIVO

Tiragem para qualquer tipo de situação, analisar o foco e realização.

1 – Meu objetivo.
2 – Quais as qualidades que irão me ajudar a alcançar meu objetivo?
3 – O que está bloqueando a realização do meu objetivo?
4 – Como posso alcançar meu objetivo?

82. MEUS OLHOS!

Esclarecendo os próximos acontecimentos de um problema, dificuldade, obstáculo.

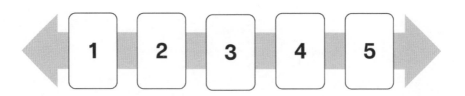

1 – Horizonte de possibilidades
(o que ocorrerá durante o mês).
2 – Campo visual (o que devo focar).
3 – Ponto cego (quais os obstáculos não enxergo).
4 – Colírio (quais as providencias necessito tomar).
5 – Clareza de visão (momento de consciência).

83. OLIMPO

Tiragem para crise existencial, dúvidas de si mesmo ou do próprio futuro.

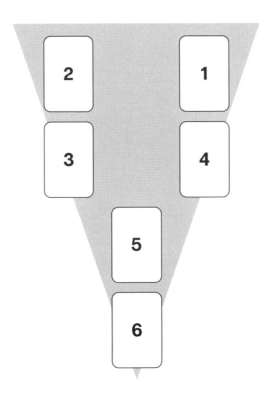

1 – Onde estou.

2 – Para onde vou.

3 – Meus medos.

4 – Meu verdadeiro desejo.

5 – Melhor caminho.

6 – Aconselhamento

84. DESJEJUM

Tiragem para se preparar para o dia em ação, para abrir logo ao levantar-se!

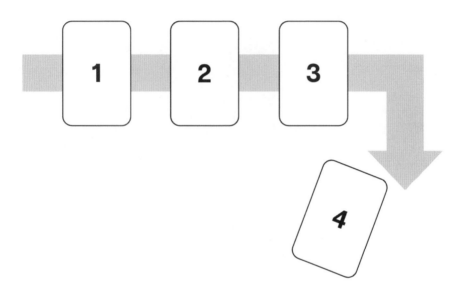

1 – A energia do dia.

2 – O que posso fazer para que o dia seja o melhor possível?

3 – O que posso aprender com o dia?

4 – Que bençãos que esse dia me traz?

85. PÉROLAS DE ÍSIS

O que envolve a situação (problema, dificuldade, dúvida) e sua trajetória até um ano.

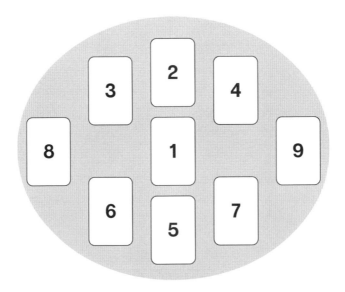

1 – Energia central do assunto.

2 – O que deve desenvolver.

3 – Os obstáculos.

4 – O que está a favor.

5 – Possibilidades reais.

6 – O que acontece em três meses.

7 – O que acontece em seis meses.

8 – Passado (um ano).

9 – Futuro (um ano).

86. BOAS FESTAS!

Entre o Natal e o Ano Novo abra esse jogo, descubra as energias do ano vindouro.

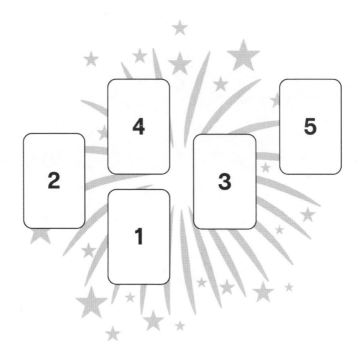

1 – Aprendizado do ano que passou.
2 – O que levo comigo para o ano que chega.
3 – O que organizar durante o novo período?
4 – Abertura ou obstáculo, o que terei?
5 – Conselho para o ano que chega.

BOAS FESTAS

87. SORTE DO ANO NOVO

Tiragem para analisar os principais desejos de Ano Novo para o ano que chega!

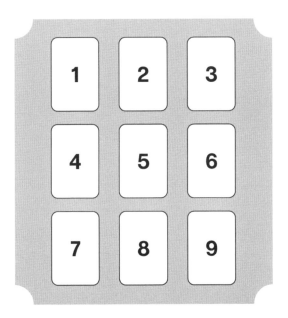

1, 2, 3 – Dinheiro (1. situação; 2. caminho; 3. resultado).

4, 5, 6 – Relacionamento/amor
(4. situação; 5. caminho; 6. resultado).

7, 8, 9 – Saúde (7. situação; 8. caminho; 9. resultado).

TRABALHO

Carreira, profissão e sucesso

88. JOGO DO SUCESSO

Tiragem para entender a carreira, a profissão escolhida ou o trabalho atual.

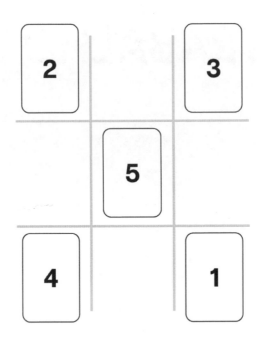

1 – A carreira, o trabalho atual.
2 – O que devo ter cuidado?
3 – Fatores externos que bloqueiam.
4 – Que habilidades são necessárias?
5 – O que fazer para impulsionar o sucesso da carreira?

89. BUCHICHO

Conflito real no ambiente de trabalho? Envolvido em fofocas e intrigas? Saiba mais:

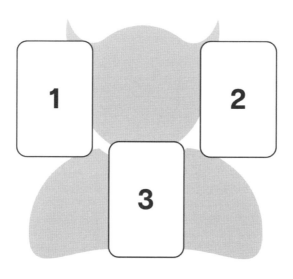

1 – A causa aberta/clara do conflito profissional.
2 – A causa oculta do conflito com (apontar se é colega ou chefe).
3 – A solução: o que se deve fazer para harmonizar as relações?

90. CAMINHO PROFISSIONAL

Que tal uma autoanálise profissional, entendendo as escolhas e seus resultados?

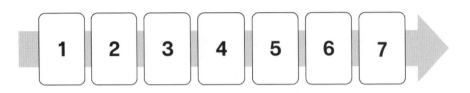

1 – Está correta a direção que sigo nesse trabalho?
2 – Como eliminar os obstáculos?
3 – O que não pode ser mudado agora.
4 – Como é minha atuação/performance atual.
5 – Qual conduta afeta meu crescimento profissional?
6 – Qual mudança pessoal devo fazer para impulsioná-la?
7 – Conselho para melhor progresso profissional.

91. HABILIDADE

Conhece suas habilidades profissionais? Seu potencial, dons e destreza laboral?

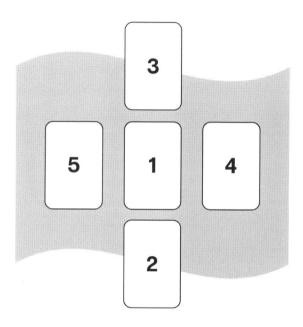

1 – Dons no âmbito profissional ou trabalho.
2 – Habilidades inatas (criatividade, percepção).
3 – Habilidades mentais (estudo, profissão)
4 – Habilidades que pode conseguir dedicando-se.
5 – O que fazer mais para se aperfeiçoar?

92. ESCADARIA

Tiragem para quem já tem emprego e deseja saber sobre seu desenvolvimento profissional.

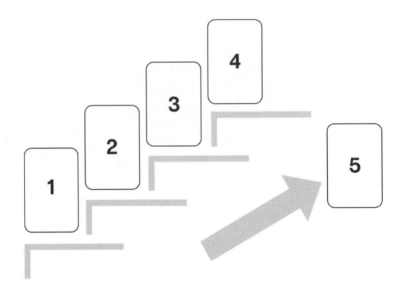

1 – Qual energia me ronda no campo profissional?
2 – Quais os contras, os inimigos?
3 – O que está a favor, os amigos?
4 – De que forma posso estabilizar minha carreira?
5 – Como agir no campo profissional (conselho)?

93. DUPLA SORTE

Tendo um trabalho fixo, rentável, mas desejando abrir um negócio em paralelo.

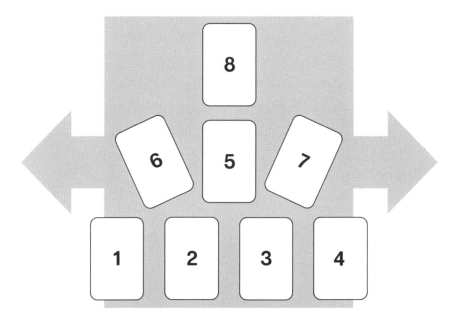

1 – Carta que representa o trabalho atual.
2 – Devo manter meu emprego até me estabelecer?
3 – Carta que representa o negócio novo.
4 – O negócio que desejo é positivo para mim?
5 – Posso manter os dois trabalhos?
6 – Que obstáculos terei de superar?
7 – O que devo fazer para ter sucesso?
8 – Resultado do novo negócio.

94. BALANÇO PROFISSIONAL

Anseia ter promoção e não sabe como? Avalie sua postura no ambiente de trabalho.

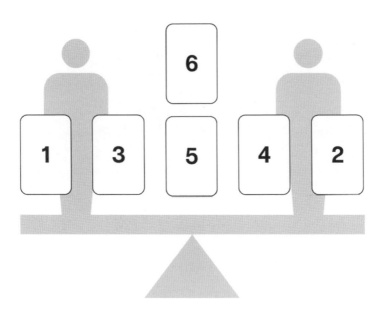

1 – O que falta na minha vida profissional?
2 – O que pode ser mudado facilmente?
3 – Qual a principal atitude que devo fazer?
4 – Que mudança causaria obstáculo ou descrédito?
5 – Posso progredir dentro da minha empresa atual?
6 – Resultados a curto prazo.

95. OBSTÁCULOS

Qual a razão do insucesso, descriminação ou desordem no trabalho? O que saber?

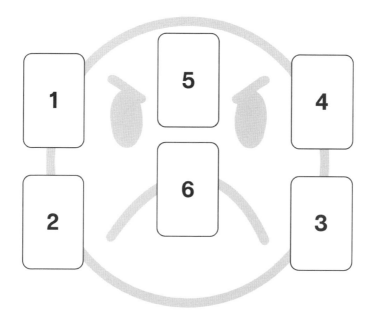

1 – Por que me sinto oprimido no trabalho?
2 – A maledicência vem de amigos?
3 – O preconceito vem dos superiores?
4 – O que há por trás de tudo isso?
5 – Qual a perspectiva para os próximos seis meses?
6 – Conselho para esse trabalho.

96. PIRÂMIDE DO SUCESSO

Tiragem para autônomo, empresários e empreendedores abrindo um novo negócio.

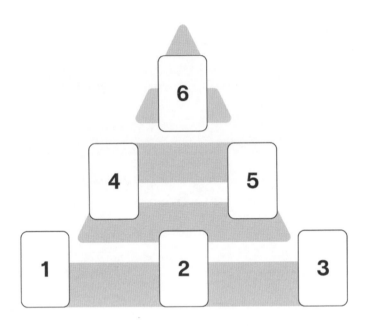

1 – O negócio/empresa (força material).
2 – O produto/empresa agradará aos consumidores?
3 – Precisarei de sócio ou mais investimento?
4 – Que obstáculos devo superar para ter o sucesso?
5 – Conselho para os próximos seis meses.
6 – Resultado em até um ano.

97. RENOVAÇÃO!

O contrato de trabalho vai vencer e deseja saber se haverá renovação? Abra esse jogo:

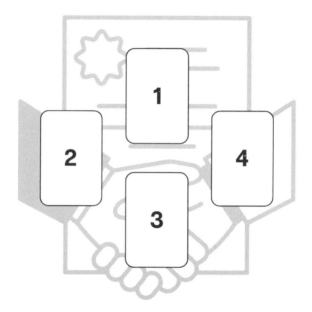

1 – Seu desempenho foi bem avaliado durante o contrato?
2 – Existe algum interesse informal na sua permanência?
3 – O que está ao seu favor para a renovação do contrato?
4 – Futuro desse trabalho.

98. PORTAL ABERTO

Recente no trabalho, ainda em experiência? Saiba como se comportar para o sucesso!

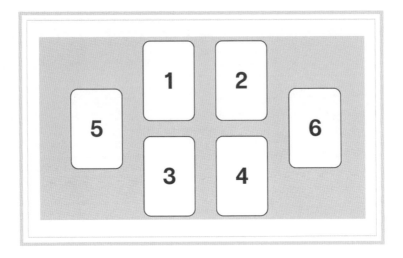

1 – Fator que devo considerar nesse novo emprego.
2 – Qual a minha aptidão que devo enfatizar?
3 – Qual qualidade desconheço ter?
4 – Comportamento a ser evitado nas relações profissionais.
5 – Conselho para harmonizar-se no novo emprego.
6 – Futuro próximo (seis meses).

99. ESTRADA SINUOSA

Tiragem para desempregados: entenda seu momento e sua responsabilidade.

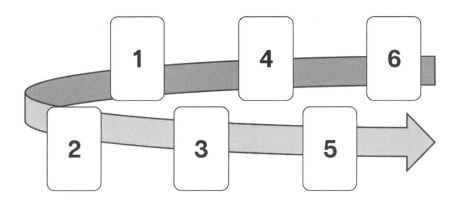

1 – Meu caminho profissional (atual).
2 – Por que estou desempregado?
3 – Como busco um trabalho?
4 – O que me bloqueia para consegui-lo?
5 – O que devo evitar em mim?
6 – Conselho para encontrar um trabalho.

100. ENTREVISTA PROFISSIONAL

Não tema o processo seletivo (entrevista, prova), saiba como se comportar e competir!

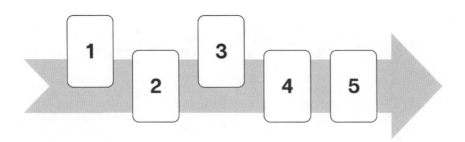

1 – O que devo saber (sobre a vaga).
2 – Qual postura devo adotar?
3 – O que devo evitar falar?
4 – Como será o entrevistador(a)?
5 – O resultado.

ENTREVISTA

101. VAGA ABERTA

Achou boa vaga? Fará entrevista ou enviará um currículo? Saiba se vale a pena!

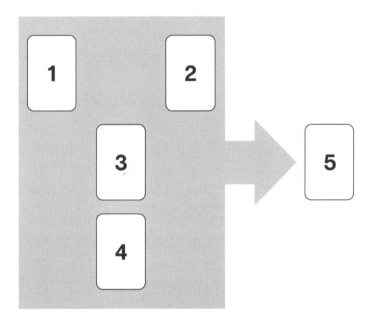

1 – O que está a favor para ser contratado na empresa X.
2 – Quais os pontos negativos desse novo trabalho?
3 – Que experiencias leva para essa nova atividade?
4 – O que deve saber sobre esse emprego para sua carreira?
5 – Conselho para prosperar.

DINHEIRO

Finanças e orçamento em geral

102. ORÇAMENTO SECRETO

Tiragem para entender o movimento financeiro, os gastos mensais.

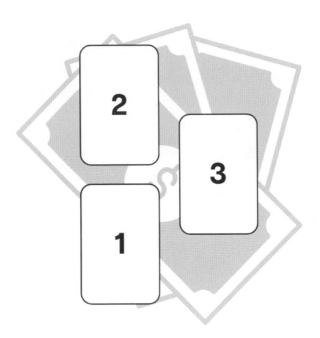

1 – Como está o fluxo financeiro.
2 – Como gasto?
3 – Como deveria gastar.

103. DINHEIRO VOADOR

Entenda seu problema material, a questão de suas dívidas e o desfecho.

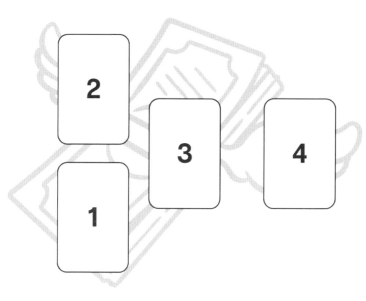

1 – Como está minha situação financeira.
2 – Como me relaciono com as dívidas.
3 – Irei conseguir pagar minhas dívidas?
4 – Conselho.

104. FLECHA

Analisando as dívidas financeiras.

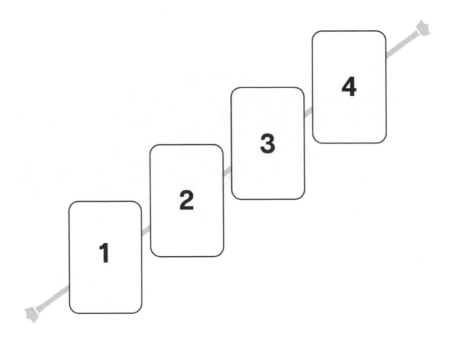

1 – A causa da dívida.
2 – Ajuda externa.
3 – A solução da dívida.
4 – Advertência.

105. ORÇAMENTO ABERTO

Tiragem para entender a vida financeira do casal ou de duas pessoas morando juntas.

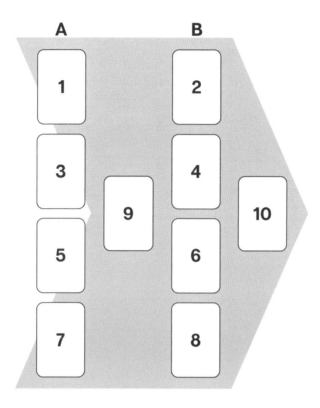

1/2 – Como ganham o dinheiro A/B.
3/4 – Quem gasta mais. A/B.
5/6 – Estamos equilibrados financeiramente? A/B.
7/8 – Quem é um bom administrador? A/B.
9 – Conselho para A.
10 – Conselho para B.

106. ESTRESSE FINANCEIRO

Por que não sobra dinheiro? Reveja os gastos mensais diante do curto orçamento.

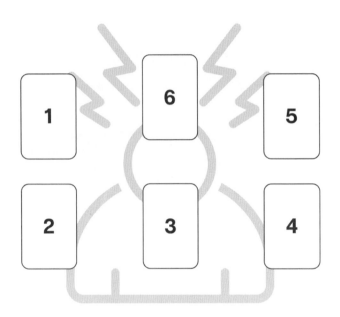

1 – A situação financeira.
2 – Por que estou sob pressão no orçamento?
3 – Como posso me libertar desse estresse?
4 – O que preciso aprender sobre finanças?
5 – Como mudar o atual ritmo financeiro?
6 – Haverá melhorias em breve?

107. CRUZ CELTA FINANCEIRA

O que ocorre com a vida financeira? Analise o equilíbrio entre gastos e ganhos.

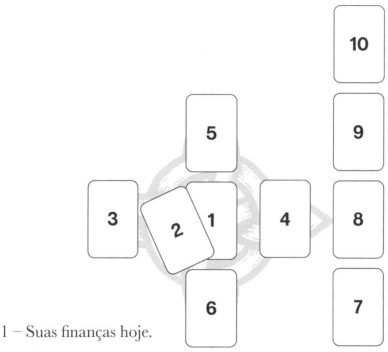

1 – Suas finanças hoje.
2 – Os obstáculos.
3 – Passado das finanças.
4 – O futuro das finanças.
5 – O que está consciente, o que se pode ver.
6 – O que está inconsciente, o que não se consegue ver.
7 – Como você age com as finanças.
8 – Influências externas, do ambiente.
9 – Influências espirituais nas finanças.
10 – A sua conexão com a frequência da abundância.

108. CIFRÃO

Se é autônomo ou empresário buscando mais dinheiro, analise com essa tiragem:

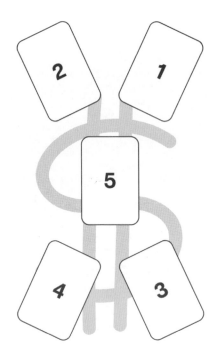

1 – Situação financeira atual.
2 – Haverá melhorias do dinheiro em breve?
3 – Encontrarei oportunidades para ganhar mais?
4 – O que traria mais dinheiro?
5 – Qual a situação nos próximos seis meses?

109. MINA DE OURO

Gostaria de abrir um negócio? Primeiro analise o empreendimento!

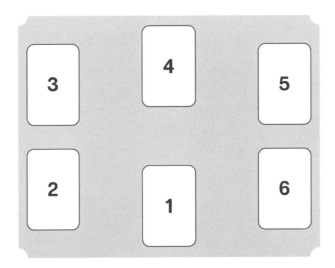

1 – A força material de seu projeto, negócio ou empreendimento.
2 – Consciência do que necessita para a realização do negócio.
3 – O que precisa fazer para cultivar o futuro próspero?
4 – Obstáculos para atingir a realização do empreendimento.
5 – Algo que precisa estar ciente agora.
6 – Qual o retorno material desse negócio?

110. POTE DA SORTE

Tiragem para analisar o progresso financeiro (autônomos, empresários).

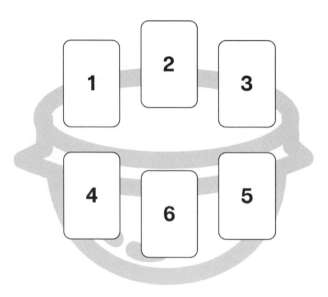

1 – A visão geral do seu fator sorte.

2 – Como esse fator sorte afetará sua vida.

3 – A área onde a sorte pode aparecer.

4 – Quem ou o que entrará em sua vida como resultado dessa sorte.

5 – Como essa sorte o ajudará a alcançar o que deseja.

6 – Tempo – usando apenas os quatro Ases dos arcanos menores (paus = primavera / copas = verão ouros = outono / espadas = inverno).

111. TREVO

Entendendo o sucesso financeiro, bens e direitos (para autônomos, empresários).

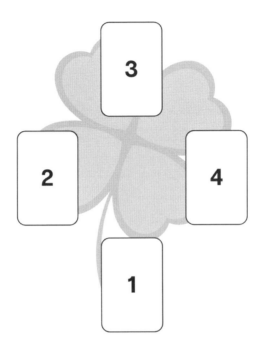

1 – O que tive (passado até um ano).
2 – O que tenho (presente – seis meses).
3 – O que terei (futuro até um ano).
4 – Conselho para eliminar os obstáculos.

SAÚDE

Análise geral física ou mental

112. PERIÓDICO

Tiragem para verificar o plano geral da saúde em todos os níveis.

1 – Saúde física.
2 – Saúde emocional.
3 – Saúde espiritual.
4 – Conselho.

113. SAÚDE MENTAL

Investigação dos aspectos psíquicos, com foco em depressão ou pensamentos negativos.

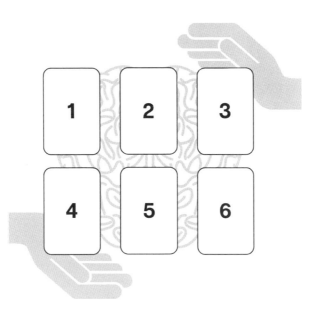

1 – A saúde mental.
2 – Emoção que prejudica a percepção da realidade.
3 – Como melhorar a percepção, tendo mais clareza?
4 – Pensamento que prejudica a percepção da realidade.
5 – Como mudar o pensamento, elevando o humor?
6 – Atitudes para organizar o plano psicoemocional.

114. ANSIEDADE

Qual o nível de ansiedade? É possível administrar sozinho ou deve buscar um terapeuta.

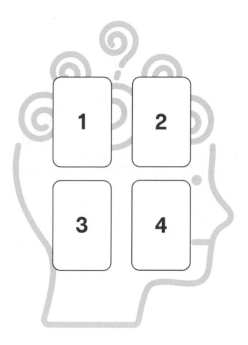

1 – A origem da ansiedade.
2 – Como pode se equilibrar?
3 – A melhor forma de relaxar?
4 – Deve procurar ajuda clínica?

115. SAÚDE PSICOEMOCIONAL

Análise de problemas psicoemocionais, depressão, negatividade.

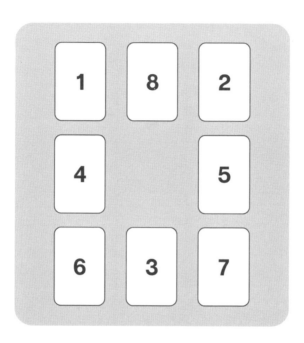

1 – O estado de saúde mental.
2 – Por que se sente assim?
3 – Qual a raiz deste sentimento?
4 – Como pode se cuidar?
5 – Como pode se curar em longo prazo?
6 – O que ajuda a se curar?
7 – O que atrapalha a cura?
8 – Resultado/futuro.

SAÚDE PSICOEMOCIONAL

116. TEMPLO DE ASCLEPIO

Tiragem para avaliar a saúde de modo geral, indicando o campo de atenção.

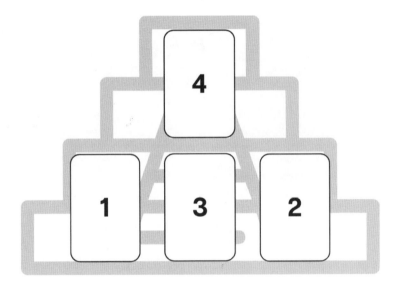

1 – A saúde física.

2 – A saúde psicoemocional.

3 – O equilíbrio.

4 – A solução.

117. REMÉDIO

Faz qualquer tipo de tratamento crônico ou em longo prazo? Avalie a eficácia.

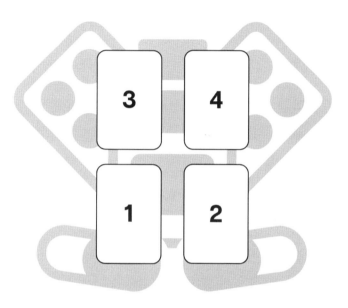

1 – O tratamento (análise da consulta, exame, aplicação e/ou cirurgia).

2 – O medicamento (análise do remédio oral ou aplicação intravenosa).

3 – O resultado em até um ano.

4 – Conselho (o que fazer?).

VIAGEM

Férias, trabalho e pesquisa

118. BOA VIAGEM!

Viagem de férias ou a trabalho já reservada? Será prazerosa? Saiba do resultado agora!

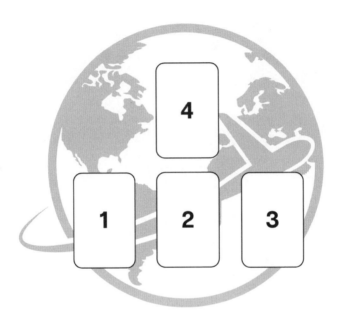

1 – Influências atuais para a viagem?
2 – O que preciso saber/preparar?
3 – O que aprenderei com essa viagem?
4 – Qual o resumo da viagem.

119. ROTEIRO

Tem estadia longa em uma cidade (a trabalho, a lazer, a estudo)? Será boa? Veja aqui:

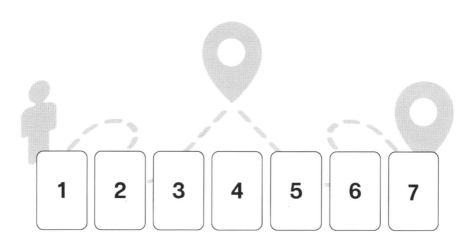

1 – Início da viagem.
2 – Chegada ao destino.
3 – Primeiras impressões da cidade.
4 – Algo que devo saber sobre a estadia.
5 – Haverá contratempos?
6 – Qual a importância dessa viagem?
7 – Conselho para uma boa viagem.

120. AGÊNCIA DE VIAGEM

Tem dúvidas entre dois destinos para marcar as férias? Resolva agora qual o melhor!

VIAGEM X   **VIAGEM Y**

1	2
3	4
5	6
7	8

1 – 2 = Indica o interesse pelos destinos.
3 – 4 = Aponta sua impressão inicial das cidades.
5 – 6 = Adverte sobre obstáculos ou contratempos.
7 – 8 = Revela o nível de satisfação que teria.

CAPÍTULO 3

VIDA PESSOAL

Nível de relacionamentos – nesta última parte foi reunida tiragens de ordem estritamente pessoal, tangendo todo tipo de afinidade ou de problemas: do âmbito familiar ao mundo social, do flerte ao casamento! Também selecionamos jogos para os aspectos que envolvem amantes, separações e conflitos. Este capítulo foi organizado para que encontre soluções nas grandes desordens emocionais, resolva a solidão, o desespero ou se aconselhe para manter o grande amor ao seu lado. Os tópicos a seguir foram considerados de acordo com uma dinâmica lógica que segue desde a relação doméstica aos avanços do contato social ao casamento!

CAPÍTULO 3

Cada tiragem é específica para um problema ou dúvida. Dica de leitura: a interpretação estará mais próxima do *plano material, do plano mental e do plano sentimental do arcano*, dependendo do significado da casa. Leia uma a uma, familiarize-se com cada tiragem e faça bom uso quando necessário!

12. Família – 6 tiragens
13. Amizade – 8 tiragens
14. Virtual – 5 tiragens
15. Sozinho – 10 tiragens
16. Flerte – 5 tiragens
17. Sexo – 3 tiragens
18. Amor recente – 5 tiragens
19. Amor estável – 10 tiragens
20. Amor extra – 6 tiragens
21. Amor exilado – 9 tiragens
22. Conflito – 13 tiragens

FAMÍLIA

Consanguíneo, adotiva, cível,
amigos ou muito íntimos.

121. DNA

Qual seu comportamento em família? Abra essa tiragem para avaliar sua conduta familiar.

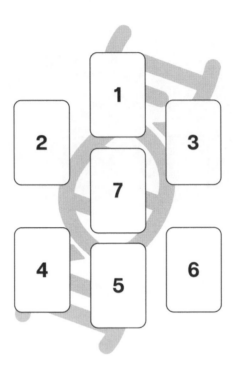

1 – É feliz em família?
2 – Sente-se capaz de dialogar?
3 – Está satisfeito com o que é?
4 – Tem amor pelos irmãos?
5 – Ama o pai?
6 – Ama a mãe?
7 – Sua família lhe dá amor?

122. BOTÃO EM FLOR

Vai conhecer uma nova família em razão de namoro, amizade, festa? O que saber?

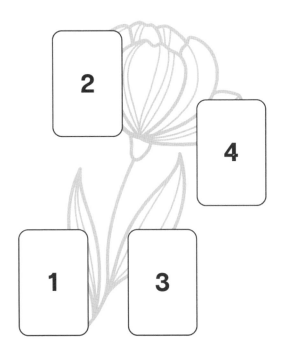

1 – Haverá resistência da família pela minha entrada?
2 – Que problema inesperado poderá ocorrer com minha chegada?
3 – Qual o melhor modo de me integrar ao ambiente familiar?
4 – Conselho para se harmonizar rapidamente.

123. ESTRELA DO AMOR

Tiragem para o amor/afeto em geral: família, relacionamentos, amigos.

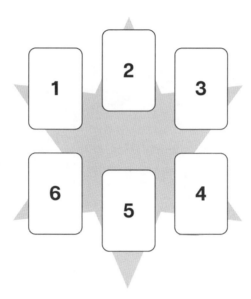

1 – Como eu recebo o amor das pessoas a minha volta?
2 – Como entender a minha linguagem do amor?
3 – Como usar minha linguagem de amor para melhorar minhas relações?
4 – Do que preciso estar consciente em relação à minha relação com os outros?
5 – O que posso fazer para expressar melhor minhas necessidades e vontades?
6 – Como posso estar mais aberta a receber amor?

ESTRELA DO AMOR

124. PEÇONHA

Qual a razão de um membro da família sempre causar problemas? Avalie melhor:

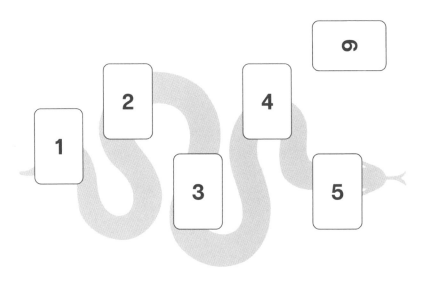

1 – Tal pessoa (nome) sofreu algum trauma ou revés recentemente?
2 – O que desencadeia tal situação conflituosa?
3 – Alguém da família pode ajudar nessa questão?
4 – Necessita de auxílio médico ou psicológico?
5 – O que o carma tem a ver com isso?
6 – O que a família pode fazer agora? Qual o conselho?

125. MEU PET

Está pensando em ter um novo animal de estimação? Que tal verificar a satisfação?

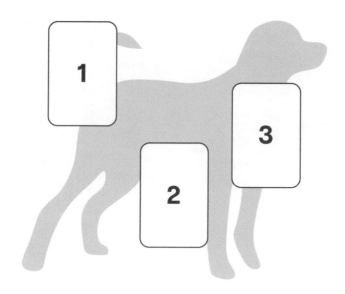

1 – O animal (tipo) se adaptará ao meu estilo de vida?
2 – Todos do lar receberão bem o novo pet?
3 – Conselho para a aquisição do bicho de estimação.

126. CEGONHA

Dúvidas da saúde da gravidez? Essa tiragem avalia da gestação ao parto.

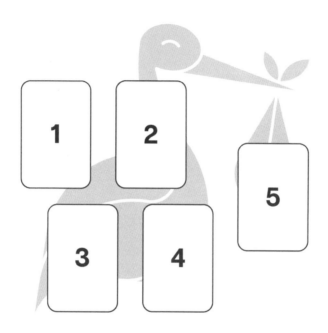

1 – Psicoemocional da mãe pela gravidez.
2 – Psicoemocional do pai pela gravidez.
3 – Cuidados durante a gestação (pré-natal).
4 – Como será o parto?
5 – Conselho para a boa gestação.

AMIZADE

Amigos, colegas,
vizinhos e conhecidos.

127. EREMITA

Círculo social fechado. Qual a razão de haver poucos amigos?

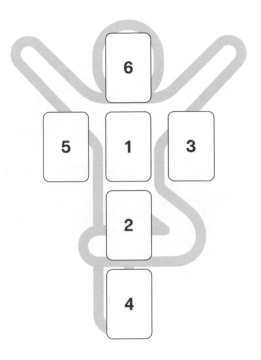

1 – Qual a razão de haver poucos amigos?
2 – O que te impede de socializar mais?
3 – Gostaria de conhecer mais pessoas?
4 – Qual qualidade o(a) tornará mais sociável?
5 – O que deve evitar para conquistar novas amizades?
6 – Conselho para fazer novas amizades.

EREMITA

128. TEMPESTADE

Tiragem para analisar uma amizade em desarmonia e/ou quando se foi traída(o).

1 – Situação que desencadeou o problema.
2 – O que não se sabe sobre a causa da desarmonia.
3 – A pessoa deseja/pensa em resolver a questão?
4 – O que devo fazer para resolver a relação?

129. IMBRÓGLIO

Como lidar com os conflitos sociais (modo presencial): trabalho, escola, vizinhança.

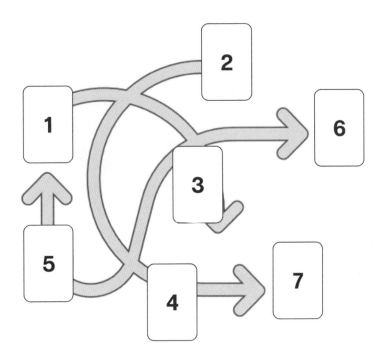

1 – O que está causando problemas na vida social?

2 – Existe uma pessoa/grupo trabalhando para exclui-lo?

3 – Tem amigos que poderiam ajudar dentro do círculo social?

4 – Deve ignorar o problema?

5 – Precisa enfrentar as pessoas difíceis de frente?

6 – O que se ganha mantendo-se no mesmo círculo social?

7 – Conselho para o conflito.

130. CONFIANÇA

Posso confiar nesse novo colega (amizade profissional, escolar etc.)

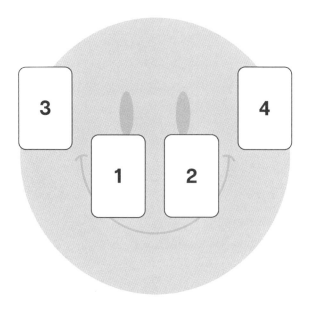

1 – O que a pessoa me mostra?
2 – O que a pessoa me esconde?
3 – Verdadeiras intenções da pessoa?
4 – Evolução dessa amizade.

131. IMPERADOR

Para que tem uma amizade possessiva ou ciúmes sem fundamento! Continuo ou não?

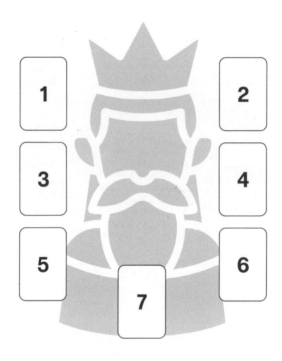

1 – O amigo sempre foi possessivo?
2 – Por que dessa insegurança?
3 – Poderia ajudá-lo a encontrar outros interesses?
4 – Que atitude deveria tomar para melhorar a relação?
5 – Como ajudá-lo a se tornar mais independente?
6 – Deve continuar essa amizade?
7 – Futuro da amizade.

132. AMIGOS PARA SEMPRE

Saiba da relação de sua amizade e sua confiabilidade, mesmo diante de conflitos.

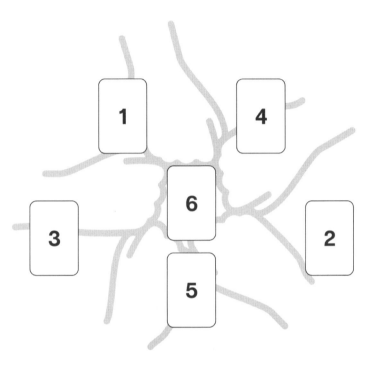

1 – Como estou para essa amizade?
2 – Como o amigo se encontra em nossa amizade?
3 – Como é nossa comunicação?
4 – O que é desfavorável em nossa amizade?
5 – O que é favorável em nossa amizade?
6 – Como ficará nossa amizade?

133. FÉ CEGA

Tem dúvidas? Desconfia da amizade? Que tal verificar se é verdadeira?

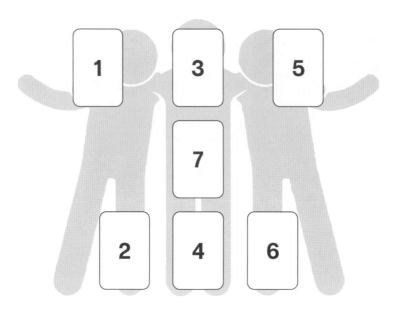

1 – Como se mostra na amizade?
2 – Como é realmente nessa relação?
3 – Como é com as outras amizades?
4 – O que pensa a seu respeito?
5 – Fatores difíceis nessa amizade.
6 – Fatores favoráveis ao relacionamento?
7 – Pode-se confiar?

134. MÃO DE LUZ

Tiragem para entender a situação difícil que seu/sua amigo(a) está passando.

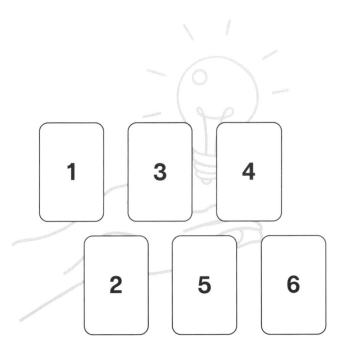

1 – Como a situação surgiu? – O início
2 – Como chegou a esse nível?
3 – Psicoemocional dele/dela.
4 – Qual o próximo passo?
5 – Haverá melhora/volta/realização?
6 – Como pode ajudá-lo(a)?

VIRTUAL

Rede social, aplicativos,
internet ou intranet.

135. DELETADO!

Qual a razão de ser bloqueado na rede social? Entenda a razão e fique tranquilo!

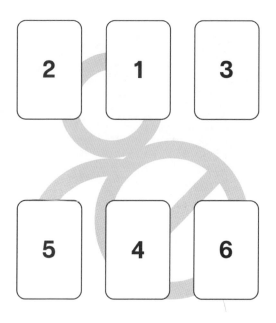

1 – Razão do bloqueio.
2 – Psicoemocional do amigo.
3 – Seu psicoemocional.
4 – Conseguirei reatar a amizade?
5 – O que fazer para rever essa situação?
6 – Futuro próximo.

136. CONTATINHOS!

Tiragem para solteiros buscando um crush ideal no Instagram, Tinder, Grindr, baladas, etc.

1 – Meus contatinhos valem a pena?
2 – Há um possível relacionamento nos meus contatinhos?
3 – Qual o perfil do contatinho devo ficar de olho?
4 – Qual postura devo adotar diante dos meus contatinhos?
5 – Conselho para encontrar um contatinho fixo!

137. TINDER

Buscando relacionamento sexual no Tinder? Saiba um pouco mais antes de enviar um nude.

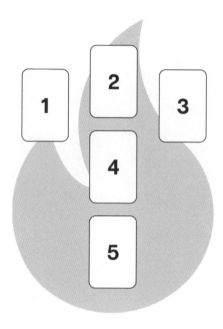

1 – Terei a satisfação sexual que desejo com alguém do Tinder?
2 – Devo continuar investindo nos matches?
3 – Já dei match no(a) melhor parceiro(a) sexual para mim?
4 – O que esperar de um encontro sexual (com tal pessoa) pelo Tinder?
5 – Conselho para as conversas atuais.

138. APP DO AMOR

Procura um relacionamento afetivo em aplicativo de encontros? Analise antes de flertar:

1 – Como me proteger de boy/girl lixo no aplicativo?
2 – Estou suscetível a golpes em aplicativos de relacionamentos?
3 – O que realmente busco no aplicativo?
4 – O que encontrarei no aplicativo?
5 – O que me leva a buscar alguém em aplicativos?
6 – Conselho para os contatos atuais.

APP DO AMOR

139. FLECHA DO CUPIDO

Fiquei louco! Quero marcar um encontro real com o crush/flerte! Como será essa pessoa? Saiba aqui:

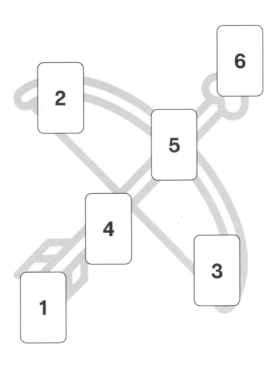

1 – Qual energia rodeia essa pessoa?
2 – Quais são as emoções internas dessa pessoa?
3 – O que realmente sente por mim?
4 – Como me percebe? O que vê em mim?
5 – Que pretensão tem em relação a mim?
6 – Pode dar certo um namoro entre nós?

SOZINHO

Solteiros ou separados
em busca do amor

140. CORAÇÃO VAZIO

Quer encontrar um amor? O que tem a oferecer? Faça uma autoavaliação antes.

1 – Como foi a experiência afetiva no passado?
2 – Como está meu coração agora?
3 – O que desejo de uma relação afetiva?
4 – O que realmente preciso da relação à dois?
5 – O que posso oferecer do meu amor ao outro?
6 – Qual a possibilidade de um romance em breve?

141. CUPIDO

Tiragem para quem procura um novo romance todos os dias!

1 – O que contribuo para a nova relação?
2 – O que a outra pessoa acrescenta ao namoro?
3 – Encontrarei a felicidade nessa parceria?
4 – A outra pessoa será feliz ao meu lado?
5 – Esse namoro durará?

142. QUEM SOU NO AMOR?

Tiragem para solteiros ou separados em busca do verdadeiro amor em festas e baladas!

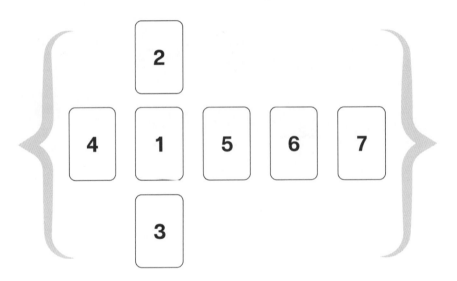

1 – Meu objetivo no amor.
2 – O que eu tenho a oferecer.
3 – O que me falta.
4 – O que eu quero num parceiro.
5 – O que eu não quero em um parceiro.
6 – O cerne do problema.
7 – O que eu posso fazer para isso funcionar.

143. CORAÇÃO ABERTO

Solitários tranquilos, sem ansiedade, em busca do amor sincero. Medite sobre isto:

1 – Você está aberta(o) ao amor?
2 – Qual a característica do futuro amor?
3 – Como irão se conhecer?
4 – Potencial do relacionamento.

144. ONDE ENCONTRO SEU AMOR?

Busca um relacionamento afetivo, mas ainda necessita entender a si mesmo? Pondere:

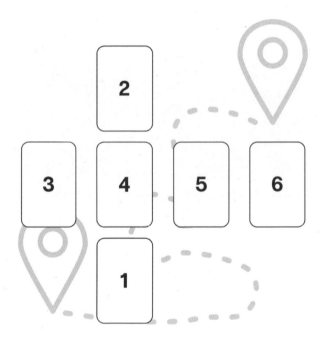

1 – Como está agora (para o amor)?
2 – O tipo de amor de que precisa?
3 – O que precisa expressar?
4 – O que precisa doar de si?
5 – Algo atrapalha meu objetivo?
6 – Como encontrar um amor?

145. ATRAÇÃO POSITIVA

Solteiros, solitários e sem ninguém à vista! Verifique como estão os caminhos:

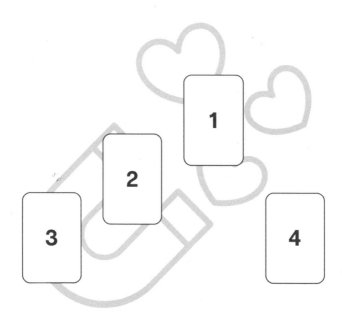

1 – Meus caminhos estão abertos para um relacionamento afetivo?
2 – Como me tornar mais atraente (o arcano dirá se é físico ou mental)?
3 – O que devo mudar em minhas atitudes durante algum flerte?
4 – Estou preparado(a) para encontrar um novo amor?

146. TESTE DO AMOR

Quem sou no amor? O que desejo do futuro afetivo? Entenda suas necessidades agora!

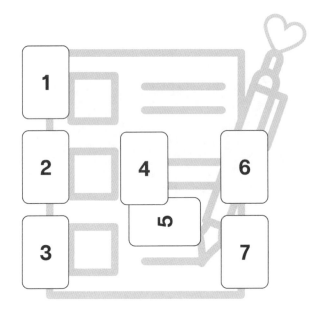

1 – Meu objetivo amoroso.
2 – O que posso oferecer afetivamente.
3 – O que me falta para ser feliz?
4 – O que busco em um relacionamento?
5 – Que influência estão me impedindo?
6 – O centro da questão no meu coração.
7 – Conselho para solucionar tudo isso.

147. MEU CRUSH

Buscando um par ideal? Flerta com muitos e não sabe decidir? Tire suas dúvidas agora:

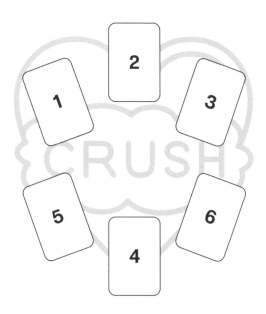

1 – O que espero do crush/flerte?
2 – O que ele(a) espera de mim?
3 – Deve procurar ele (enviar mensagem ou ligar...)?
4 – Ele irá me procurar se eu não entrar em contato?
5 – Esse encontro irá dar match?
6 – Conselho para esse relacionamento.

148. JOGO DA SOLIDÃO

Tiragem para os solitários de longa data que não entendem a razão de não encontrar o amor.

1 – O que penso sobre ter um relacionamento.
2 – Por que não consigo me envolver afetivamente?
3 – O que devo mudar em meu comportamento?
4 – Como me abrir para uma relação afetiva?
5 – Conselho para encontrar alguém.

149. COMO SERÁ O AMOR?

Solteiro, livre ou sem compromisso, deseja saber como e com quem será?

1 – Revela as características mais marcantes do futuro amor.
2 – Indica onde ou como vai conhecê-lo, se em uma festa, uma viagem etc.
3 – Mostra como será a relação afetiva.
4 – Conselho para esse potencial encontro.

FLERTE

Paquera, crush ou ficante

150. COLAGEM

Flertando? Sente forte atração? Deseja namorar? Vale a pena investir?

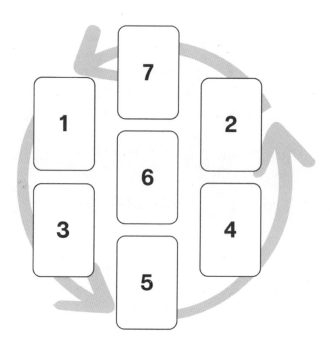

1 – O que você quer?
2 – O que ele deseja?
3 – Suas diferenças?
4 – Suas similaridades?
5 – Compatibilidade emocional?
6 – Compatibilidade física?
7 – Conselho!

151. QUEM É ESSE CRUSH?

Um crush ou flerte que conheceu recentemente que deseja saber mais a fundo.

1 – Personalidade geral do crush.
2 – O que mostra para os outros.
3 – O que esconde dos outros.
4 – Quais os objetivos de vida?
5 – Como se relaciona com quem ama/deseja?
6 – Como é a relação com a família e amigos?
7 – Tem futuro (com o consulente)?

152. ESPELHO DO FLERTE

Entenda um pouco mais sobre um flerte bem antigo, mas que ainda não se beijaram.

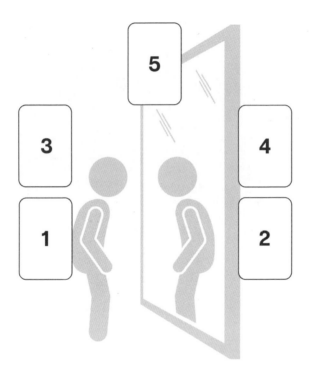

1 – A Imagem: Como você vê a outra pessoa.
2 – A Reflexão: Como a outra pessoa vê a si mesmo.
3 – O que a outra pessoa representa para você.
4 – O que você representa para a outra pessoa.
5 – O que realmente existe entre vocês?

153. DOCE DE LEITE

Flerte/crush recente que ficou muito a fim, desejando um encontro o mais breve!

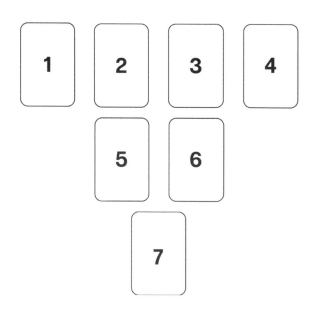

1 – Qual o seu interesse no(a) crush?
2 – Qual o interesse do(a) crush em você?
3 – O crush te acha atraente?
4 – Qual a melhor forma de chamar a atenção?
5 – Como fazer para aumentar seu poder de sedução?
6 – Como será o clima sexual?
7 – Futuro desse flerte.

154. PRIMEIRA IMPRESSÃO

Tiragem para flerte, crush ou paquera recente, mas sem grandes expectativas.

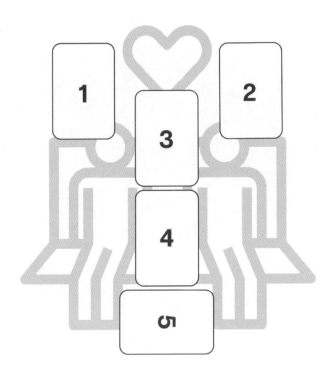

1 – O que ele(a) achou de mim.

2 – Qual impressão que tive dele(a)?

3 – O que deseja desse início de amizade?

4 – Devo investir nesse relacionamento?

5 – Conselho para esse envolvimento.

SEXO

Prazeres e conflitos

155. ENERGIA SEXUAL

Tiragem para refletir sobre a energia sexual e os desejos íntimos.

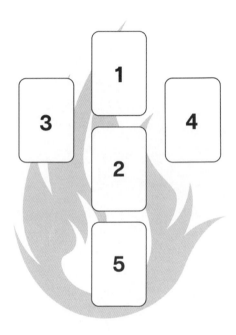

1 – Como está a energia sexual?
2 – Qual seu bloqueio?
3 – O que gostaria de aprender?
4 – Tem satisfação sexual?
5 – O que fazer para se equilibrar?

156. LIBIDO

Qual o grau de motivação sexual (independente do relacionamento)?

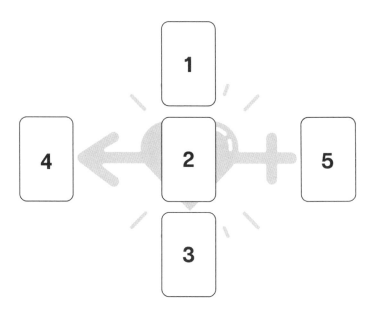

1 – O que pensa de uma relação sexual?
2 – O que deseja sentir no ato sexual?
3 – O que motiva a libido, o interesse sexual?
4 – Obstáculo para realização do ato sexual.
5 – Qualidade positiva para o sexo (o que tem de bom?).

157. HEDONISMO

Autoavaliação sexual: como gosta de sentir o prazer?

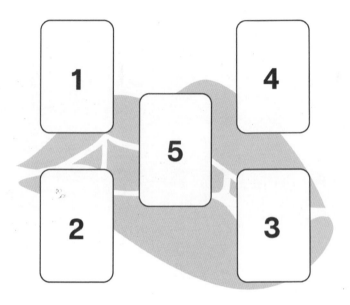

1 – Como gosto de sentir prazer?
2 – O que devo valorizar durante o ato sexual?
3 – Algo a ser observado quando faço sexo.
4 – Atitude para melhorar o desempenho sexual.
5 – Conselho para atingir o pleno gozo.

AMOR RECENTE

Início de ficante,
namoro ou noivado

158. AMOR MATERIAL

Gostaria de saber da situação financeira de um ficante ou namorado(a) antes de continuar?

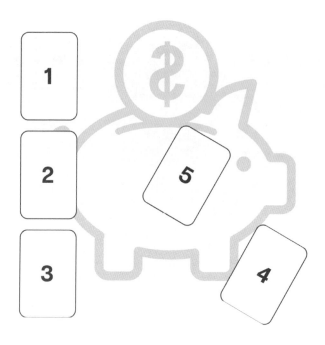

1 – O que ele diz ter ou possuir?
2 – O que ele realmente tem?
3 – Ele tem responsabilidade financeira?
4 – O que essa relação me trará?
5 – Conselho.

159. CRIANÇA FELIZ

Indicado quando o(a) parceiro(a) é imaturo/inexperiente na relação afetiva.

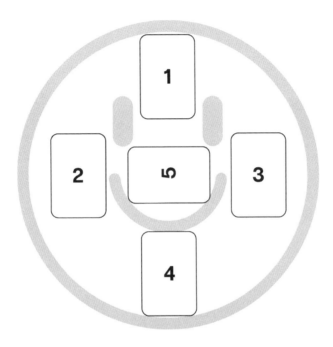

1 – Como a imaturidade afeta o relacionamento?
2 – Ele(a) mudará?
3 – Como a mudança poderá ocorrer?
4 – O que fazer para melhorar a relação?
5 – Devo continuar na relação?

160. MEU CORAÇÃO

Iniciou um namoro ou um relacionamento afetivo? Que tal saber mais um pouco?

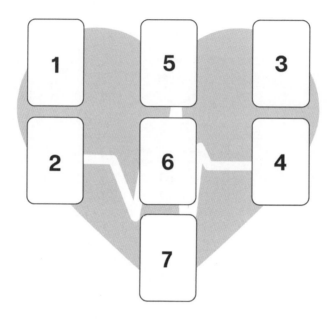

1 – O seu amor é verdadeiro?
2 – Sente-se amado?
3 – Está feliz com essa nova relação?
4 – Sente que há reciprocidade?
5 – Tem consciência dessa relação afetiva?
6 – Como está seus projetos futuros?
7 – Conselho para o relacionamento.

161. PAR IDEAL

Dúvidas no início de um relacionamento? Descubra se haverá harmonia e integração afetiva.

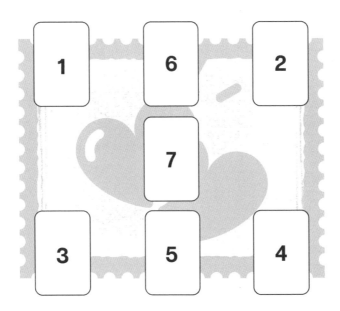

1 – Ele(a) é a pessoa certa?
2 – O que está contra?
3 – O que está a favor?
4 – O que preciso fazer?
5 – O que ele(a) precisa fazer?
6 – Serei realmente feliz com ele(a)?
7 – Conselho para o nosso relacionamento.

162. O PULO DO GATO!

Quando se inicia um relacionamento afetivo, mas desconfia do parceiro(a).

1 – Ele(a) pensa em me trair? (quando já tem algo em mente)
2 – Ele(a) flerta com alguém?
3 – Tem alguém interessado nele(a)?
4 – Ele(a) pode se interessar por alguém? (possibilidade futura)
5 – Conselho para o consulente!

AMOR ESTÁVEL

Namoro, noivado ou casamento

163. CAMINHO DO AMOR

Tiragem básica para namorados, noivos ou casados (também para amantes ou ficantes).

1 – Meu parceiro(a).
2 – Eu mesmo(a).
3 – O poder que nos conecta.
4 – Nossa base em comum.
5 – O que meu parceiro tem de melhor.
6 – O que eu tenho de melhor.
7 – O que temos em comum.

164. QUAL O SABOR?

Fazendo alguma reflexão sobre o amor a dois? Quer saber mais sobre o relacionamento? Veja:

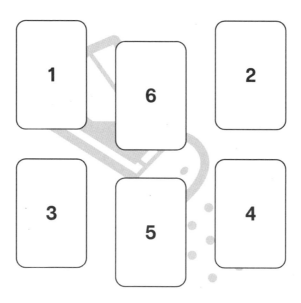

1 – Como eu amo?
2 – Como o meu parceiro(a) ama?
3 – Nosso relacionamento é saudável?
4 – O que temos de positivo?
5 – Qual é a nossa dificuldade como casal (ponto a ser melhorado)?
6 – Futuro da relação.

165. CAIXA DE PANDORA

Está tudo em paz, mas tem ciúmes; então, coloque o amor à prova! Pondere essa tiragem:

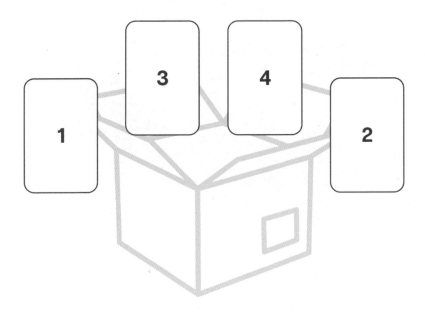

1 – O que está na cabeça dele(a) neste momento?
2 – Ele(a) pensam em me trair?
3 – O que ele(a) me esconde?
4 – Como descobrir seu segredo?

166. COMO ESTOU NA RELAÇÃO?

Autorreflexão para melhorar o relacionamento afetivo! Ponto positivo para você!

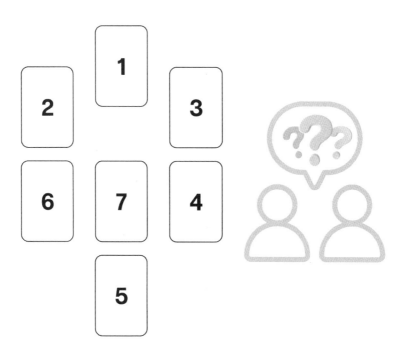

1 – O relacionamento.

2 – A comunicação.

3 – O ponto forte

4 – O ponto fraco.

5 – A realidade.

6 – A paixão.

7 – O conselho.

167. ANEL DO AMOR

Em busca de harmonia ou entendimento na relação afetiva, tudo em nome do amor.

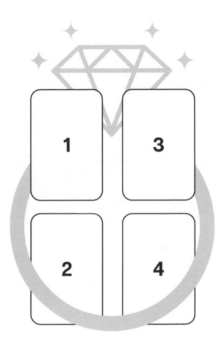

1 – O que o consulente sente ou almeja da relação?

2 – Como acredita que se mostra/revela ao outro.

3 – Como o outro observa ou percebe o comportamento do consulente?

4 – Conselho para o equilíbrio afetivo.

168. CONJUGE AMADO

Deseja entender o comportamento do parceiro(a), ajudando na reconstrução do amor.

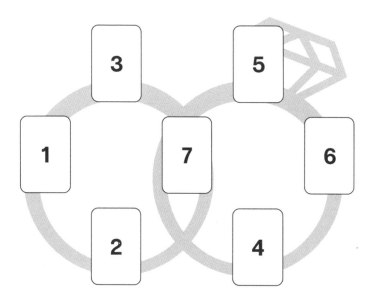

1 – Como o outro está em relação ao consulente?
2 – O que ele(a) sente?
3 – O que pensa?
4 – Como tem agido?
5 – Que dificuldades encontra com o consulente?
6 – O que predomina na relação afetiva?
7 – Como ficará o relacionamento?

169. HARMONIA ASTRAL

Tiragem para todos os tipos de relacionamentos fixos que buscam a felicidade.

1 – Como meu amado(a) deseja receber afeto.

2 – Como meu amado(a) demonstra afeto.

3 – Como desejo receber afeto.

4 – Como demonstro afeto.

5 – Postura que devo ter para fortalecer nossa relação.

170. CONEXÃO

Curiosidade sobre os laços que unem o casal, desejando mergulhar mais no relacionamento.

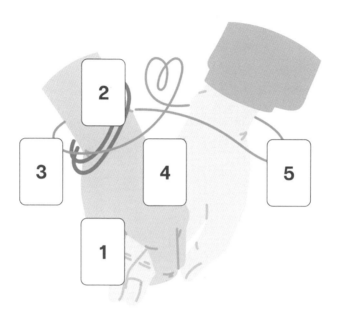

1 – Qual a conexão atual com o parceiro(a)?
2 – Qual energia você está atraindo para si?
3 – Como você afeta seu parceiro(a)?
4 – Como o seu parceiro(a) te afeta?
5 – Conselho para o relacionamento.

171. ESPELHO DO AMOR

Ama muito e deseja fortalecer ainda mais a relação; por isso, quer saber como melhorar..

1 – Eu.
2 – Como eu vejo meu companheiro(a)?
3 – Como vejo nossa relação?
4 – O que enfraquece nossa relação?
5 – O que fortalece nossa relação?
6 – Meus medos.
7 – Minhas esperanças.
8 – Minhas responsabilidades dentro do relacionamento.
9 – As responsabilidades do meu parceiro(a) dentro do relacionamento.
10 – Futuro da nossa relação.

172. COMPORTAMENTOS

Que tal avaliar o comportamento/atitude do casal? Como ambos se relacionam?

1 – Como é o nosso comportamento na relação.
2 – Como é o nosso comportamento afetivo/sentimental.
3 – Como é o nosso comportamento sexual.
4 – Como é o nosso comportamento social.
5 – Comportamento que devemos eliminar.
6 – Comportamento que devemos exaltar.

AMOR EXTRA

Amante, amancebado,
extraconjugal

173. DUELO

Descobriu que o(a) parceiro(a) tem um(a) amante, mas tem dúvidas se deve se separar.

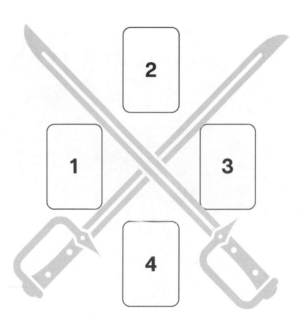

1 – Você na relação oficial.
2 – Seu(a) parceiro(a) na relação oficial.
3 – O(a) amante do parceiro(a).
4 – O que fazer?

174. TRIÂGULO SEXUAL

Quando aceita o triângulo afetivo, desejando saber do amor e do futuro dos três lados.

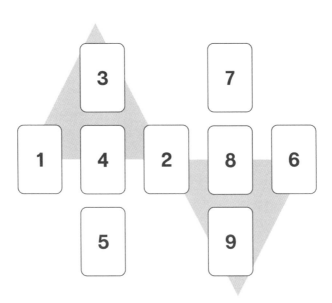

1 – O(a) consulente.
2 – O(a) parceiro(a).
3 – Passado da relação com o(a) consulente.
4 – Presente da relação com o(a) consulente.
5 – Futuro da relação com o(a) consulente.
6 – Amante do(a) parceiro(a).
7 – Passado da relação com o(a) amante.
8 – Presente da relação com o (a) amante.
9 – Futuro da relação com o(a) amante.

TRIÂNGULO SEXUAL

175. CORNADAS

Tiragem para decidir o futuro afetivo quando se descobre uma traição antiga.

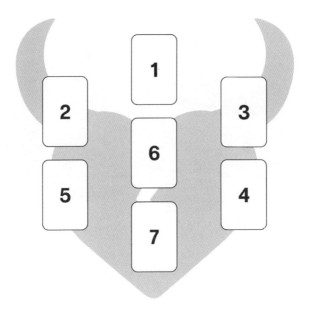

1 – O que motiva a buscar uma terceira pessoa?

2 – Como é o sexo com a terceira pessoa?

3 – Como é sexo comigo?

4 – Nosso relacionamento afetivo.

5 – Relacionamento afetivo com a terceira pessoa.

6 – Próximos acontecimentos.

7 – Conselho para o equilíbrio.

176. ATADURA

Se você é o(a) amante e anseia ser o relacionamento oficial, então, avalie agora o seu desejo!

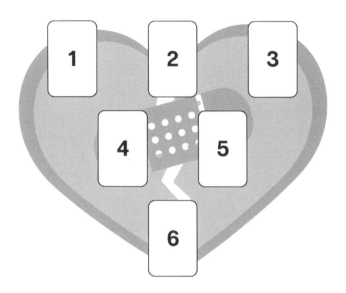

1 – Ele(a) pensa em se separar para ficar comigo?
2 – O que diz sobre o casamento é verdade?.
3 – Como realmente é o nossa relação?
4 – Ele(a) ama a esposa(o)?
5 – Ele(a) me ama?
6 – Conselho para nosso relacionamento.

177. TOCA DO COELHO

Tem uma relação fixa, mas deseja um sexo casual? Veja se dá certo:

1 – Motivos para buscar/ficar com outra pessoa.
2 – Mesmo que não seja descoberto, deveria trair?
3 – Irá se arrepender se fizer isso?
4 – Valerá a pena essa traição?

178. DETETIVE

Desconfia do relacionamento? Seja por ciúmes ou um motivo real, use esse jogo:

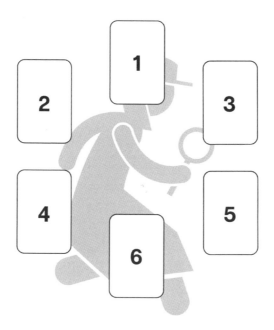

1 – Assim está o relacionamento afetivo.
2 – Assim estão seus planos futuros na relação.
3 – Assim estão os planos futuros dele(a) na relação
4 – O que te faz pensar que há infidelidade?
5 – As suspeitas de traição são verdadeiras?
6 – Conselho para harmonizar a relação.

AMOR EXILADO

Separados que ainda
amam o(a) ex-parceiro(a)

179. PETRIFICAÇÃO

Ainda tem amor ou vingança pelo(a) ex-parceiro(a) que já está em outra relação? Pondere:

1 – O que pensava sobre nosso relacionamento?
2 – O que pensa da atual relação?
3 – Como me amava?
4 – Como ama a atual relação?
5 – Como era a atração sexual por mim?
6 – Como é a atração sexual pela atual pessoa?
7 – Ainda pensa em mim?
8 – Me compara com a relação atual?

180. LAÇOS ROMPIDOS

Tiragem para alguém separado que ainda ama e deseja o retorno.

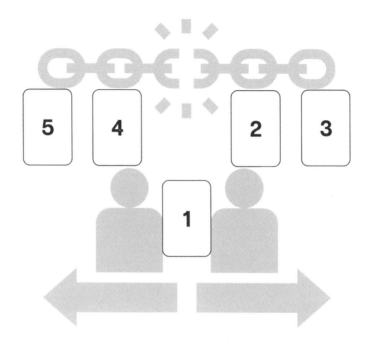

1 – Qual o motivo do rompimento?
2 – Como o(a) ex se sente após o rompimento?
3 – Quais as intenções do(a) ex em relação a nós (após o rompimento)?
4 – Há possibilidade de uma reaproximação?
5 – Conselho.

181. VOZES DO PASSADO

Ainda deseja o antigo amor e tem dúvidas se deve reconquistar? Abra esse jogo:

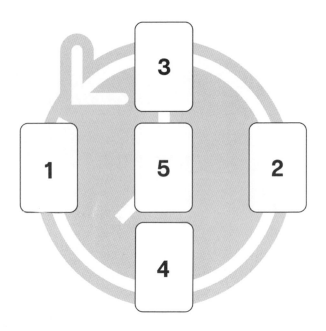

1 – Sentimentos dele(a) comigo.
2 – Meus sentimentos com ele(a).
3 – Devo chamá-lo(la) para sair comigo?
4 – Acontecimentos futuros.
5 – Conselho.

182. NOSTALGIA

Não esquece, não dorme pelo antigo amor; então, tire suas dúvidas se ele(a) retorna.

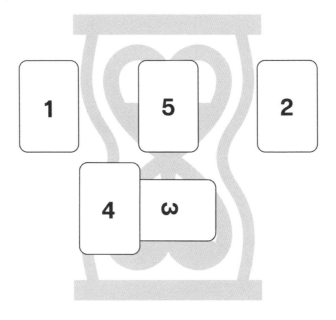

1 – O que sente por mim.
2 – Tem intenção em voltar.
3 – Mudou as atitudes.
4 – Possível futuro.
5 – Conselho.

183. RENASCIMENTO

Tiragem para quem reencontra um antigo amor e tem a possibilidade de retorno!

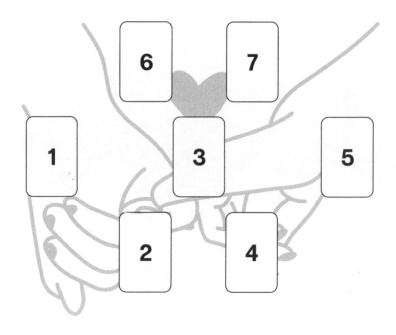

1 – Como foi o início desse relacionamento?
2 – Circunstâncias do afastamento.
3 – Motivo do reencontro.
4 – Sentimentos dele(a) por mim hoje.
5 – Obstáculos do presente.
6 – Como será daqui adiante?
7 – Conselho.

184. BATEIA

Flertes/crushes, ex-ficantes ou ex-namorados(as) que desapareceram do mapa! E agora?

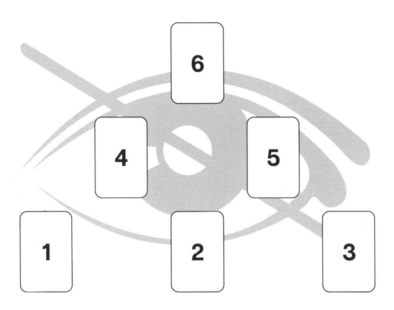

1 – Motivo da não correspondência.

2 – O que ele(a) deseja de mim?

3 – Por que julgo que preciso dessa pessoa?

4 – Será bom tê-lo(la) ao meu lado?

5 – Meus verdadeiros sentimentos por ele(a).

6 – Devo insistir nesse relacionamento?

185. JARDIM DA FELICIDADE

Tiragem para separados que sofreram por amor e buscam um novo relacionamento.

1 – Seu último relacionamento, como foi?
2 – O que aprendeu com o último relacionamento?
3 – Por que terminaram?
4 – Como me vejo amando.
5 – Como realmente eu amo.
6 – Como desejo o amor do outro.
7 – Como posso ser melhor em meu próximo relacionamento?

186. PREPARAÇÃO PARA O AMOR

Solitários, com a alma curada, em busca do verdadeiro afeto e reciprocidade amorosa.

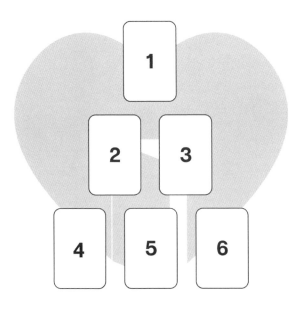

1 – O que você quer do novo amor.
2 – O que você aprendeu amando outras pessoas.
3 – O que lhe traz novamente ao relacionamento.
4 – Preparando o seu coração.
5 – Preparando a sua mente.
6 – Preparando o seu espírito.

187. RETORNO AO PARAISO

Separados ou abandonados, mas totalmente esperançosos de um novo romance!

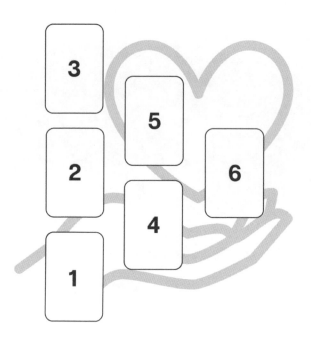

1 – Seu último relacionamento.
2 – Sua atual situação no amor.
3 – O que você quer de uma relação amorosa?
4 – O que você precisa de uma relação amorosa?
5 – O que você tem a dar ao seu amor?
6 – Possibilidades futuras de experiências amorosas.

CONFLITOS

Desarmonia, brigas e desafios afetivos

188. DESPOLARIZAR

Tiragem para pessoas que atraem o mesmo padrão tóxico de relacionamento.

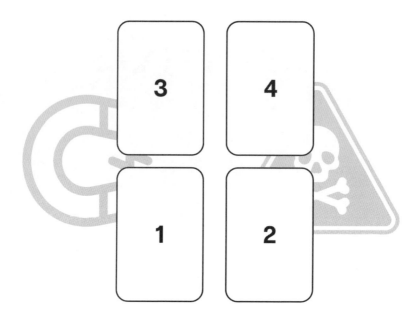

1 – Por que atraio sempre o mesmo perfil/padrão de relacionamento?
2 – Existe um carma para esse tipo de relacionamento?
3 – Como quebrar tal padrão afetivo?
4 – Conselho para a próxima relação.

189. BARRACO

Brigou ou discutiu seriamente e agora quer entender o que houve? Faça sua análise:

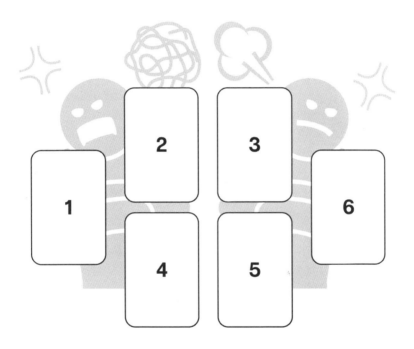

1 – Como era a relação antes da desavença?
2 – O ponto de vista de A para B durante a briga.
3 – O ponto de vista de B para A durante a briga.
4 – Houve influência de terceiros na discussão?
5 – Consequências da discussão, briga, desavença.
6 – Conselho para harmonizar a situação.

190. REFLEXO DO AMOR

Diante de brigas e conflitos, o casal deseja entender os osbstáculos para seguir no amor.

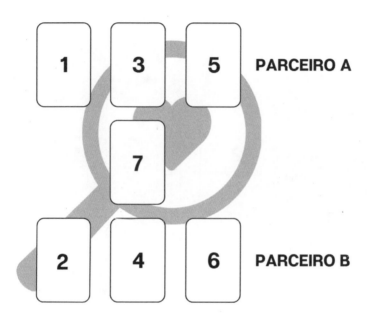

1 – Como A observa/entende B.

2 – Como B observa/entende A.

3 – O que A quer do relacionamento.

4 – O que B quer do relacionamento.

5 – Para onde A acredita que o relacionamento está indo.

6 – Para onde B acredita que o relacionamento está indo.

7 – Conselho para o casal.

191. ESTRELA DO AMOR

Tiragem para relacionamento afetivo em conflito recente (namorados, casados).

1 – A relação afetiva.
2 – As necessidades do consulente.
3 – As necessidades do parceiro(a).
4 – Fazendo isto: (atitude do arcano).
5 – Terá este resultado: (realidade do arcano).

192. VEREDITO FINAL

Tiragem para namorados, noivos ou casados, que estejam em desarmonia por causa de outros.

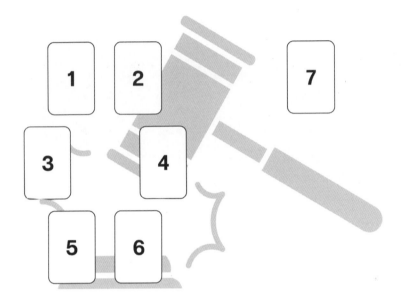

1 – Eu.
2 – Ele(a).
3 – Minha família.
4 – A família dele(a).
5 – Meus amigos.
6 – Os amigos dele(a).
7 – Conselho.

193. CIUMENTOS

Há conflito por ciúmes, posse ou controle de ambas as partes? Avalie, vale a pena continuar?

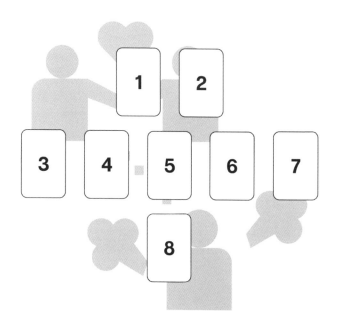

1 – O(a) consulente.

2 – O(a) parceiro(a).

3 – Ciúmes.

4 – Apego.

5 – Conflito.

6 – Amor.

7 – Confiança.

8 – Conselho.

194. AMOR E MÁGOAS

Entre tapas e beijos ou amor e brigas, o que acontece? O que restará dessa relação?

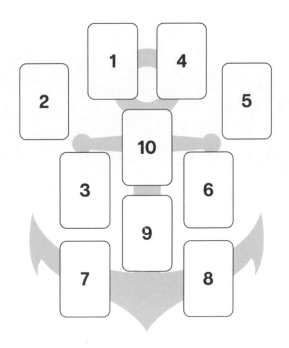

1 – Como eu amo você.
2 – Como eu magoo você.
3 – Como eu me defendo.
4 – Como ele(a) me ama.
5 – Como ele(a) me magoa.
6 – Como ele(a) se defende.
7 – Quem eu sou agora.
8 – Quem é ele(a) agora.
9 – Futuro breve.
10 – Conselho para o casal.

195. TERREMOTO

Quando há brigas, desconfianças, e não se observa nada construtivo. Pondere com esse jogo:

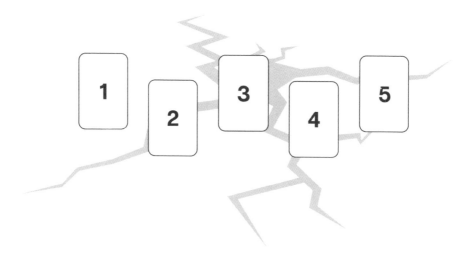

1 – Sentimento do parceiro pelo consulente.
2 – O que pode prejudicar a relação, ou levá-la ao fim?
3 – Interesse do parceiro pela consulente.
4 – Atitude que o casal deve tomar para manter a relação.
5 – Possibilidades de manter o relacionamento.

196. VERDADE AFETIVA

Você está preparado/a para a verdade? Então, encare a união ou a separação.

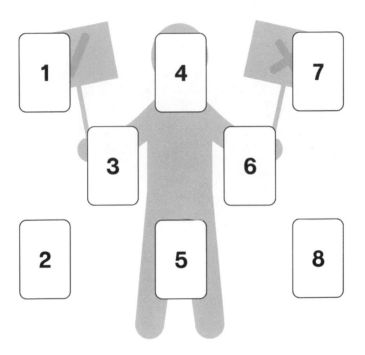

1 – Eu agora.
2 – Ele(a) agora.
3 – Nosso objetivo comum.
4 – Eu realmente quero essa relação?
5 – Ele(a) realmente quer essa relação?
6 – Nossa ilusão atualmente.
7 – Como eu posso ajudar a consertar?
8 – Como ele(a) pode ajudar a consertar?

197. CORAÇÃO PARTIDO

Quem é o responsável pela bagunça? Haverá tempo para a reconstrução?

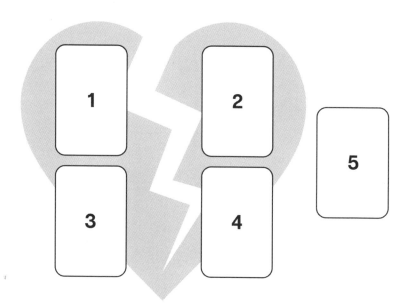

1 – Sua responsabilidade?
2 – A responsabilidade do parceiro(a)?
3 – O que você pode fazer?
4 – O que ele(a) pode fazer?
5 – Resultado.

198. ATRAÇÃO FATAL

Tiragem para um relacionamento tóxico, abusivo, estressante, ciumento, possessivo.

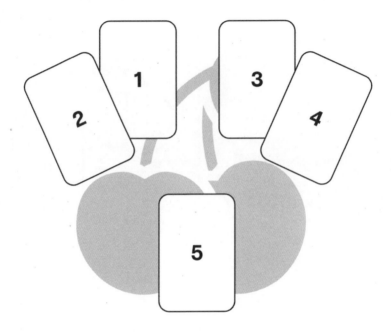

1 – Ele(a) me oferece risco?
2 – Ainda posso confiar no que ele(a) diz?
3 – Como me defender dele(a)?
4 – Ele(a) irá sair da minha vida?
5 – Conselho.

Obs.: Se a primeira carta não indicar risco, não há leitura.

199. VASO QUEBRADO

Desarmonia constante, vai e volta, nada melhora. Que tal decidir o futuro da relação?

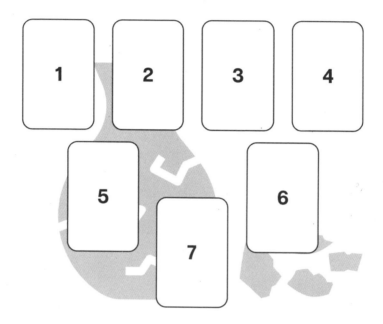

1 – O que não sei sobre meu relacionamento.

2 – Há amor (ela).

3 – Há amor (ele).

4 – Devo insistir na relação?

5 – O parceiro ainda quer permanecer?

6 – O consulente ainda quer continuar?

7 – Conselho.

200. ESPELHAMENTO DO AMOR

Tiragem para namorados, casados ou amantes para reconhecerem suas necessidades.

1 – Como estou nesse momento?

2 – Como está o(a) parceiro(a) nesse momento?

3 – O que sinto agora?

4 – O que ele(a) sente agora?

5 – O que desejo do relacionamento?

6 – O que ele(a) quer do relacionamento?

7 – Como observo o andamento do relacionamento?

8 – Como ele(a) vê o andamento do relacionamento?

9 – Resultado.

BÔNUS

Quer aprender mais jogos?

Playlist de vídeos! Nei Naiff apresenta e comenta mais de 30 tiragens novas que estão pela internet (Assine nosso canal exclusivo no Youtube).

Gostaria de ouvir mais sobre o tarô?

Nei Naiff comenta do básico ao avançado de tarô em palestras, entrevistas & podcast. Faça sua matrícula (Escola On-line de Tarô).

Que tal saber um montão de dicas?

Canal de conteúdo de tarô (informações e links preciosos). Atividade aberta, gratuita, faça sua inscrição (Telegram).

Vamos reciclar o conhecimento?

Vem para nossa escola on-line, avalie nossos cursos.

AUTORES

Nei Naiff, nome espiritual de Claudinei Santos, nasceu em 04 de novembro 1958, Jundiaí/SP, com formação superior em Letras Português-Inglês, CEO da Escola On-line de Tarô (www.tarotista.com.br), escritor, tarólogo e astrólogo, conferencista internacional, dedica-se às artes oraculares e holísticas há mais de 40 anos. Contato: Instagram – @neinaiff | www.neinaiff.com

Juan Campos Venske, nasceu em 23/08/1993, Nova Iguaçu/RJ, com formação superior em Ciências Biológicas e mestrado em Medicina Tropical, há alguns anos se dedica aos estudos da cartomancia, da astrologia, do Reiki e suas aplicações práticas, buscando a sinergia dessas filosofias transcendentais em seus atendimentos. Contato: Instagram – @aprendatarot e @jarcampos1.

Giovanna Lucato, nasceu em 21/4/1982, São Carlos/SP; com formação superior em Marketing, trabalhou no meio corporativo até 2015 quando decidiu dedicar-se integralmente ao tarô e a astrologia. Seus estudos e práticas, aliados à sua formação acadêmica e experiência profissional, têm contribuído para uma abordagem diferenciada como taróloga. Contato: Instagram – @giovanna.lucato e @giovannalucato.tarot.

SUGESTÃO DE LEITURA

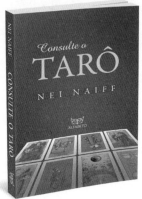

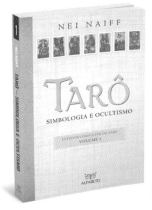

REFERÊNCIA

BANZHAF, Hajo. *As Chaves do Tarô*. São Paulo: Pensamento, 1995.

Guia Completo do Tarô. São Paulo: Pensamento, 1996.

Manual do Tarô. São Paulo: Pensamento, 1992.

O Tarô e a Viagem do Herói. São Paulo: Pensamento, 2003.

BARTLETT, Sarah. *A Bíblia do Tarô*. São Paulo: Pensamento, 2012.

CHEVALIER, Jean e Alain Gheerbrant. *Dicionário dos Símbolos*. Rio de Janeiro: José Olympio, 1990.

COSTA RIBEIRO, Anna Maria. *Prática de Tarô*. Rio de Janeiro: Independente, 1995.

EASON, Cassandra. *1001 Tarot Spreads*. USA: Sterling Ethos, 2021.

FIORAVANTI, Celina. *O Tarô místico*. São Paulo: Pensamento, 2002.

GREER, Mary K. *21 Ways To Read A Tarot Card*, USA: Llewellyn, 2010.

MACGREGOS, Trish e Phyllis. *Power Tarot*, Nova York, USA: Fireside Book, 1998

MARTINS, Vera. *O Tarô de Marselha, espelho meu*. São Paulo: Madras, 2000.

MATTOS, Mariza. *O Amor e o Tarô*. Rio de Janeiro: Rosa dos Tempos, 1998.

MOORE, Barbara. *Tarot Spreads: Layouts & Techniques to Empower Your Readings*. Woodbury, USA: Llewellyn, 2012.

NAIFF, Nei. *Curso Completo de Tarô*. São Paulo: Alfabeto, 2022.

Tarô: Oráculo e Métodos – vol.3. São Paulo: Alfabeto, 2019.

OLAFAJÉ, Ozampin & Maria Padilha. *Oráculos do Tarô: técnicas de disposição de cartas e modos de leitura*. Rio de Janeiro: Independente, 1997.

RENEE, Janina. *Tarot Spells*, Woodbury, USA: Llewellyn, 1997.

SPACASSASSI, Geraldo. *Tarô e os Caminhos do Crescimento Pessoal*. São Paulo: AGBook, 2010.

TORT I CASALS, Maria del Mar. *Manual de Interpretación del Tarot con los 78 arcanos*. Barcelona, España: Obelisco, 2017.

Manual de Interpretación del Tarot. Barcelona, España: Obelisco, 2014.

INTERNET

Canal de Conteúdo de Tarô Nei Naiff: https://t.me/neinaiff

Canal de Cartomancia Alexander Lepletier: https://www.instagram.com/lenormancia/